La quatrième réalité

traduit de l'allemand par l'auteur

Monika Laupus

Titre original:
Die vierte Wirklichkeit...
Paranus Verlag, Neumünster, Allemagne

© Monika Laupus, 2008

Impression : Books on Demand GmbH
Norderstedt, Allemagne

Éditeur: Books on Demand GmbH,
12/14 rond point des Champs Élysées,
Paris, France

Dépot légal: septembre 2008

ISBN N°978-2-8106-0064-9

Je tiens à remercier pour leur aide les personnes ayant participer à la réalisation du livre en langue française.

I. La quatrième réalité....

7 Un deux trois et retour

9 Je voulais toujours passer par ici...

12 Soeur!!!

15 La voyante et autres caractères...

18 L'ami du cheval....

22 L'ennui quotidien...

26 Le beurre nourrit les nerfs...

29 Question de santé...

32 Noël terrible...

35 Les hessois viennent...

38 L'église jaune soleil...

41 L'âme jumelle télépathique....

44 Fin hiver.... Début printemps...

47 Presque comme avant.

50 Perdu dans le sud...

56 Vieilles habitudes...

59 Pas au revoir.

II. La quatrième réalité....

60 Un rêve..

61 La Poste.

66 Vache noire jusqu'au Pont neuf.

76 Solitude....

77 La ville des sans-abris.

82 Message flottant d'une île au trésor....

84 Il était une fois.

88 Lily Marleen d'Athènes.

91 Cadeau de départ.

95 Dans la vallée de la tristesse.

98 Sculpture de la pierre douce.

99 Le monde des forces mentales....

100 La neige d'avant hier.

103 Comprendre ne rend pas malade.

107 Danse avec mon loup....

110 Laupus, MRI Paris, Bonjour.

113 Un jour parfait..

116 Rroms.

121 Barbelé rend libre.

122 Oiseaux de mur (Création du mot en novembre 1989)

126 Le vieux pont..

129 Adieu....

I. Un deux trois et retour

Il y a sûrement plus de réalités que de poussières volantes dans l´air. Tu les vois rarement. Et ce que l'on ne voit pas, ne peut être réel. C´est pourquoi, la plupart d'entre nous préférons vivre dans des réalités limitées.
La première nous paraît la plus importante. On y bouge sur les rails d´un train perdu qui tourne parfois en rond. On s'y réveille chaque matin. On y court derrière « l´heureuseté ». On s´y tue à l´âge de 18 ans en espérant la paix infinie. Ce n'est qu'une illusion, comme l'idée qu'il n'y a qu'une seule réalité.
Chaque décision doit être respectée, car tout le monde poursuit son propre chemin.
Un rêve reste un rêve dit ma grand-mère quand elle rencontre la seconde réalité. En vérité, elle dort pour supporter la première, pour trouver des solutions dans l´inconscient.
J´ai recommencé à noter mes rêves. Les impressions m'apparaissent rarement très clairement. Avec le temps s'est développée une petite collection de symboles qui se répètent et ont une signification personnelle. Il ne faut jamais exagérer quoi que soit, sauf si

l'on est passionné par les timbres de collection.

Trop de voyages à l´intérieur de soi-même, peu de stabilité dans la vie quotidienne, trop de difficultés, peu de buts clairs... cela nous mène à la troisième réalité.

La tête surchargée, l´âme stressée cherche l´équilibre. Après une phase dépressive durant des années, s'ensuit une éruption volcanique, le cri pour la vie.

Plus tu montres tes sentiments, plus tu parais bizarre. Tu es sûre que tu arriveras à sauver le monde ainsi que ta pauvre existence.

Sur le siège arrière d´une voiture verte et blanche(la police allemande) que la population énervée ou préoccupée a appelée, il te reste du temps pour te reposer de la mission de la troisième réalité.

J'avais eu la chance d´arriver, à moitié à poil, dans un monastère masculin où les moines m´avaient offert un petit déjeuner vers six heures du matin.

Les messieurs de la police ,sympathiques, arrivés aussi vite que dans la série Urgences, connaissaient bien leur métier. Nous nous sommes tutoyés dès les premiers instants et jamais ils n'ont songé à me mettre les menottes.

Au commissariat, j'engueulai le pauvre médecin de toute ma rage contre la race supérieure du métier en blouse blanche. On m'enferma dans une chambre vide avec des toilettes à la turque. L' ambulance arriva. Je fis un discours sur l' homme et la terre.

Le monsieur qui m'avait prise en stop et accompagnée jusqu' au monastère était malheureux, parce que sa femme était partie avec son enfant dans les bras. Je lui prophétisai que son bonheur perdu arriverait à un rond point, tournerait et reviendrait. (Un carrefour est souvent un rond-point sans feux. On peut y faire beaucoup de tours en réfléchissant à l'endroit où l'on veut aller finalement.)

Comment cette femme a-t-elle pu quitter un homme si bien?

Les réflexions de la troisième réalité peuvent atteindre le bleu foncé de l'essentiel, mais aussi le bleu clair du ciel. Mais pour toi, tout est destin. Et tu ne comprends pas pourquoi les autres ne remarquent pas ta vision. Tout le monde essaie de te ramener dans la première réalité, qu'ils pensent être la bonne…

J'ai toujours voulu passer par ici…

Je croyais que l' ambulance me ramenait chez moi, à Heidelberg, je

fus donc surprise par la longueur du trajet. Le médecin de la clinique me demanda si je savais où je me trouvais. Comment aurais-je pu le savoir ? Personne ne m' avait donné d'explications craignant que je devienne agressive et d'être obligé de me calmer avec une bonne piqûre.
Mais mon principal problème était de ne pas porter de chaussures en hiver. Ils auraient pu me le dire. J'ai toujours voulu passer par ici pour pouvoir sauver des âmes.
Le premier soir, je racontai à des personnes choisies mes aventures maniaques. Et puis, j'eus une dispute avec *Cetin* de Turquie car j' étais persuadée qu' il n' était pas étranger. Alors que lui répétait sans arrêt: "Je suis étranger."
On était une grande famille au début...
Quand *le joueur de flûte expérimenté* me vit agir ainsi, il dit doucement: "Le premier jour en asile et de bonne humeur. C' est incroyable."
L' archange sportif était plutôt énervé par mes promenades sur les nuages et disait: "Tu vis au pays des rêves." Il avait reçu un immense colis pour la Saint-Nicolas et je trouvais très égoïste qu' il n'en partage pas le contenu.

La troisième réalité est altruiste. Dès que tu recommences à penser à toi-même tu te rapproche lentement de la "santé". Entre temps, les psychopharmaceutiques te font un corps lourd et tu tombes des étoiles pour remarcher sur terre.

La "phase Haldol" commençait avec un petit gobelet d'un liquide marron foncé. Je refusais de le prendre, mais l' infirmier me regardait droit dans les yeux en me disant qu'il était important de le boire. Quel goût amer. Inoubliable. Horriblement amer. Je ne voulais pas adoucir ce goût avec un petit verre de jus de fruits. Je voulais en ressentir l' amer. L' amertume.

Haldol a des effets secondaires importants.
Tu marches comme un robot.
Tes mains tremblent et d'horribles troubles intérieurs t'accompagnent pendant des jours et des semaines.
Ils auraient dû m'expliquer ces effets!
Je pensais que ces troubles étaient naturels.
Je ne savais pas comment les supporter.
Moi qui adore la télé, je ne pouvais pas la regarder plus d'une minute.

S'asseoir, marcher, s'asseoir, marcher, s'asseoir, marcher, manger, s'asseoir, marcher, s'asseoir, marcher, parler, s'asseoir, marcher, s'asseoir, marcher...
Parfois les infirmiers t'aident, car tes pieds ne se débrouillent plus tout seuls.
Parfois personne ne voit ton visage, car tes cheveux décoiffés le cachent.
Parfois tu as une crampe à la langue et seule la grosse pilule rouge, Akineton, peut l' arrêter.
Certains jours sont faciles à supporter, d' autres beaucoup moins.

Soeur! (Infirmière!)

Les nouveaux sauveurs du monde de la troisième réalité s'installaient dans une "grande" salle nommée "salle d'éveil» de la station 03 de l' hôpital psychiatrique de Wiesloch en Allemagne. Il y avait cinq ou six lits roulants. J' étais fatiguée et en même temps incapable de dormir. Le médecin est venu me voir. Une jolie et gracieuse femme comme dans Alice au pays des merveilles. Sans hésiter - ce qui n'est pas du tout mon style à l'état normal - j'ai commencé à me plaindre, parce qu'elle arrivait tardivement. J'avais peur d'attraper un rhume, car c'était l'hiver et je ne portais pas de vêtements adaptés. (La troisième réalité n'est pas omniprésente chez beaucoup de personnes. Elle apparaît par crises. Entre temps tu penses à la première réalité, aux choses de la vie quotidienne.) Puis j'ai pris un bain pour chasser les virus et les bactéries. A l'époque je ne savais pas encore que la troisième réalité était capable de nous protéger de tous ces microbes. Lorsque quelqu'un à la clinique attrape un rhume, tu dis: « C'est un bon signe. » Et la personne concernée baisse doucement la tête pour dire oui.

Aucun ami ou membre de ma famille ne savait où je me trouvais. Je n'avais même pas quelques Pfennigs sur moi pour téléphoner. Et sur place il n'y avait qu'un téléphone à pièces. Heureusement, *la fille aux fantômes* me donna 20/30 Pfennige. C'était suffisant pour une communication de courte durée. Mais si je n'avais pas su un numéro par cœur ? Aucun employé de la clinique ne m'avait proposé de contacter quelqu'un. Et je n'avais pas posé la question. Il faut toujours questionner ! Sinon il n'y a pas de réponses.

La station avait de grandes et lourdes portes métalliques aux vitres incassables et des fenêtres sécurisées. Mais rien n'est incassable quand tu es prisonnier et très en colère. *Johnny F.* a pu détruire une telle porte. Des éclats de verre partout. Ce n'était pas ma façon de vivre, mes sentiments, mais ces actes nous ont fait rire, peut-être parce qu'on avait visiblement tous envie de se battre.

Le *je suis kurde* s'est sauvé par la barrière du petit jardin, mais les infirmiers l'ont rapidement rattrapé. On imaginait la poursuite et on rigolait jusqu'aux larmes. Il n'y a pas d'endroit sans sourires. Il n'y a pas d'endroit sans souffrance.

J'étais toujours préoccupée par mon problème principal : je n'avais pas de chaussures.

En plus, je ne portais pas mes lunettes sur moi, car je voulais voir le monde différemment. Mais dans la première réalité que je rejoignais de temps en temps, elles m'ont beaucoup manqué. Je répétais sans cesse la même phrase, comme l'enfant qui apprend à parler: « Tout serait différent, si j'avais mes lunettes ».

Dans la « salle d'éveil » une vieille dame me demanda ma pointure et m'offrit ses chaussures. J'étais ravie et montrais à tout le monde mon nouveau trésor. Au début de la folie, offrir et échanger était naturel. On était tous ensemble. On prenait le même bateau. Un bateau énorme. Tout le monde le faisait avancer, mais dès qu'on arrivait à terre, chacun reprenait son chemin. La mer par contre n'en a pas. Et la nuit fut. Le cinq décembre mille neuf cent quatre-vingt onze. Il était l'heure de se coucher. Je me suis installée dans ce lit blanc profond et j'ai essayé de me reposer. Une femme dans la « salle d'éveil » ronflait. Une autre appelait sans cesse l'infirmier. Et parfois elle criait : Sœur ! (Infirmière !) Je commençai à avoir peur. Mon frère m'appelle souvent sœur. Il ne le supporterait pas si je ne m'en sortais pas. Je décidai de garder mon calme. Il n'y avait pas d'autre solution. Je me levai pour demander à l'infirmier le somnifère que j'avais préalablement refusé. Les oreilles bouchées par des boules Quies , je me suis endormie. La première nuit que beaucoup d'autres suivraient.

La voyante et autres caractères...

Chacun des nouveaux patients de la station 03 causait un réel problème à l'équipe de médecins. En général, ils estimaient que les patients prenaient d'autres identités. Bref, ils pensaient que je mentais. Tout ce que je disais sur mon passé devait être confirmé par ma famille. Et elle

confirmait. Je n'étais pas quelqu'un d'autre, je ne voulais pas être quelqu'un d'autre. Mais j'aimais bien jouer. Je prenais des foulards et mimais une femme arabe. A l'hôpital tu peux délirer autant que tu veux. C'est un des rares avantages.
Les autres fous – on jouait souvent avec ces mots tandis que les médecins construisaient des expressions spécifiques – pensaient réellement avoir vécu un autre passé. Comment réagir quand tu rencontres « Jésus » (parfois plusieurs) qui te dit être attaché à la croix ? Dieu était du royaume d'Osman, avait des cheveux bouclés et marchait pieds nus sur le sol rouge et froid. Chaque semaine il y avait une réunion de patients et le patient turc se présentait comme Dieu. Je pensais qu'il blaguait, mais non. Dieu était avec nous. Quand il alla mieux, je lui parlai de sa période sans chaussures et il se fâchait. Mais je vous assure, frères et sœurs, Dieu marche pieds nus !

La plupart des patients du 03 racontaient leurs histoires avec humour. L'archange sportif jouait avec les médecins. C'était tellement amusant , en tout cas pour nous. Il était coiffé comme un roi avec ses cheveux bleus. Il apparaissait dans une voiture avec chauffeur (un taxi) devant la clinique. Un docteur essayait de le convaincre de sortir de la voiture mais avant qu'il ne le fasse, l'homme en blanc devait suivre ses ordres. La phrase : « Retire d'abord ta veste blanche » reste inoubliable.

Un souvenir moins drôle est celui du diable. Je pense qu'il ne se supportait pas lui-même et qu'il croyait être l'incarnation du mal. Il avait une barbe et les secrets de son nez s'y arrêtaient. Il me prenait dans ses bras, et me demandait si je pouvais imaginer avoir des rapport sexuels avec lui. Je criais le plus fort possible. En quelques secondes, les infirmiers étaient présents. Mais le diable ne faisait pas partie des gens agressifs.

Dans la troisième réalité les humains expriment les souhaits qu'ils cachent habituellement. Parfois c'est difficile à supporter.

Le doux avec sa barbe racontait aux médecins qu'il était psychiatre et qu'il n'avait pas besoin d'explications sur sa maladie. Il rigolait en nous le disant.

Johnny F. était le seul qui ne racontait pas d'histoires bizarres sur sa vie. Il avait imaginé une invention remarquable. Il s'agissait du médicament A 4 censé traiter l'hypertension. Ceux qui auraient des difficultés à se souvenir du nom doivent penser à l'autoroute.

La rencontre avec *la voyante* fut particulière. Elle était attachée au lit, bougeait sauvagement ses mains et criait : « Je suis Christiane F. » Un infirmier et une infirmière la mirent dans une petite chambre séparée.

Je décidai de soigner cette femme. Après s'être calmée, elle arriva dans la salle d'éveil et renversa un gobelet d'eau, je lui apportai une serviette. Presque effrayée elle retira ses mains et me demanda : « Qui es tu ? Es-tu Maria ? » C'est remarquable comme nous absorbons les éléments religieux, même nous ne pratiquons pas.

La voyante regardait les lignes de ma main et disait que j'aurais quatre enfants. Et d'un seul coup, elle cria en s'exclamant : « Qu'est-ce que tu veux avec les français ? » On se connaissait à peine, mais elle savait déjà ce que la France représentait pour moi. J'étais impressionnée.

L'ami du cheval

Je ne veux pas savoir ce qu'ils notaient dans leurs dossiers sur l'ami du cheval. Sûrement des choses étranges sur quelqu'un qu'ils connaissaient uniquement par mes descriptions. Non, je ne voudrais rien entendre. Lorsqu'on s'accroche à son propre monde, on décide alors de collectionner ce qui le confirme et de combattre ce qui le met en doute. Tout ce qu'il avait dit et écrit devait être traduit dans une langue positive. C'était terriblement dur. Mais j'ai tenu le coup. Ils n'ont pas pu me le prendre. Personne ne me le prendra. Pas même la voyante.

Mais la plus grande peur était de le perdre en moi-même. Partout il y avait des dangers. Un homme regardait avec ses yeux. Un autre respirait avec son nez. Un troisième paraissait avoir son comportement. C'était ma bataille de garder la bonne distance envers ces gens. Les sens jouent un jeu étrange. Tu ne sais pas ce qu'ils veulent te dire. Tu ne sais pas comment tu dois interpréter ces impressions.

A peu près dix mois avant le cinq décembre l'ami du cheval m'a rendu visite sur le balcon de mon appartement à Ziegelhausen en Allemagne. Il était là tout simplement, clair et visible, et regardait ,à travers la grande fenêtre,l'oreiller de mon lit. J'étais sous le choc, car il faisait jour et mes yeux étaient ouverts. La peur me guida quand je refermai la porte vitrée du balcon, mais en même temps, j'étais contente de sa présence. Par moments son visage changeait bizarrement. Puis il redevenait comme avant. Il venait partager mon chagrin. Il resta trois jours. Son image s'affaiblit de jour en jour jusqu'à ce qu'elle disparaisse totalement. Non, ce n'étaient pas des projections schizophrènes et psychotiques. La troisième réalité était encore loin. Elle m'attraperait à un moment où tous les chemins seraient barrés. Au lieu de les survoler, j'aurais dû les ouvrir ou les éviter.

Durant ma première crise mes pensées paraissaient influencées par quelqu'un d'extérieur. J'avais l'impression que l'ami du cheval avait des pouvoirs surnaturels et qu'il me guidait. Il me disait où je devais aller et ce que je devais faire. Il me mena le long de la rue principale d'Heidelberg jusqu'à la place Bismarck où les bus et les trams se trouvaient et me demanda d'avoir des rapports sexuels en groupe. J'avais peur. Mais quand je suis arrivée à cet endroit, ses ordres ont disparu. J'étais soulagée et repris confiance en l'ami du cheval. Il ne me demanderait jamais de faire des choses qui me font trop peur.

Je dormais chez *la grande souris* que j'avais connue à l'institut de langues à Heidelberg en Allemagne. Le matin je décidai de partir pour rencontrer l'ami du cheval. Pourtant, j'ignorais dans quelle ville il se trouvait à ce moment-là. Je portais des vêtements qui n'étaient pas vraiment mon style de vie quotidien. Des collants. Une jupe courte, blanche. Un sous-vêtement offert par la femme de mon cousin. Le pull-over rouge que portait mon père au handball. Et le manteau de mon arrière grand-père. Il était tôt et la grande souris me demanda pourquoi je ne mettais pas mes chaussures. « Je n'en ai pas besoin »,lui dis-je avant de quitter sa chambre.

Dans la rue je demandai à un jeune homme qui distribuait des journaux s'il pouvait retirer la pile de ma montre. Il le fit comme quelque chose de tout à fait naturel à six heures du matin. J'arrêtai le temps. Je grimpai sur le mur bordant le fleuve Neckar et remontai doucement en direction de Ziegelhausen. Pour protéger mes pieds je mis mon manteau à l'envers. Mes pieds dans les manches et la hanche protégée par le bas. Ainsi les pieds souffraient moins. Il se mit à neiger. Je m'installai sur une moto en essayant de la faire rouler. J'étais persuadée que l'ami du cheval en avait la clé. Pourquoi l'avais-je cherché dans un monastère ? Le dernier endroit où j'aurais pu le trouver. Je m'orientais vers une fausse direction.

Ziegelhausen se trouvait à l'est, mais le chemin vers la France était à l'ouest. Le moment de changer de ville n'était pas encore venu. Il fallait apprendre encore tellement de choses avant de pouvoir partir.
La thérapeute *Lily Marleen* – la seule favorable à une autre rencontre avec l'ami du cheval – me faisait comprendre que je n'avais pas rencontré beaucoup de difficultés en France. Je me sentais bien et je ne réfléchissais pas. Si j'étais restée à Paris à l'époque, j'aurais perdu l'ami du cheval pour toujours. Cela je n'aurais pu le supporter. Peut-être le perdrais-je quand même. Mais au moins je peux écouter la musique d'autrefois sans être assise immobile sur mon lit.

L' ennui quotidien...

Les hommes en bonne santé peuvent maîtriser l'ennui, remplir un espace vide avec des actions. Nous, sur la station 03, n'en étions pas capable.
Les choses les plus simples devenaient de sérieux problèmes. Se lever, se laver, s'habiller. Il fallait de la force et de la volonté pour s'en sortir. J'avais du mal à soigner mes cheveux. Lors d'une visite ma mère me les lava comme quand j'étais enfant.

On avait tellement de temps. On aurait pu lire des montagnes de livres. Mais on était là car on était épuisé, car l'esprit cherchait le calme. Se reposer pendant des semaines est une tâche difficile.
Je cherchais désespérément des possibilités d'occupations. Je me donnais à fond en faisant des puzzles ou du tricot. Je suivais les thérapies proposées comme l'ergothérapie. J'étais toujours la première à attendre avec impatience l'arrivée de Madame *Drug*.
Il y avait des jours où j'étais assise, juste assise.
Il y avait des jours où j'arrivais à dessiner.
Il y avait des jours où je pouvais travailler sur mon perroquet en bois.
Le joueur de flûte expérimenté en avait déjà bricolé un et son travail me fascinait. Jamais je n'aurais pensé pouvoir en réaliser un, moi aussi.
L'ergothérapie du matin durait à peu près une heure et demie. Après suivait le temps libre ou plutôt le temps prisonnier. On était concentré sur les heures des repas pour avoir des buts dans la journée. Le déjeuner à onze heures et demie. Le dîner à quatre heures et demie. A huit heures, contents étaient ceux qui avaient pu stocker de la nourriture, car nous avions encore faim.

La plupart du temps entre les repas, les patients s'installaient dans l'espace fumeur. Quelques uns avaient les doigts marrons. Moi, je ne fumais pas et même si je l'avais voulu, jamais je ne serais devenue une fille fumant cigarette sur cigarette.

Une fois j'avais dit à la grande souris – on était en visite à Saint-Denis en banlieue parisienne – que je commencerais à fumer si elle ne s'arrêtait pas. L'ami du cheval qui entendit mes paroles, dit d'une voix ferme : « Non ! »

Il y a des gens qui font ressortir le négatif en soi. Il y a des gens qui font ressortir le positif en soi. L'ami du cheval faisait toujours partie des derniers.

Ceux qui ne fumaient pas étaient juste assis, parlaient un peu, se levaient, faisaient des aller retour en marchant pendant des heures. La station fermée et la station ouverte qui se trouvait à l'étage, se réduisaient pour nous en deux longs couloirs, qu'on longeait durant toute la journée. Le plus agréable était de se balader à deux et d'échanger.

Cela dépendait du dosage des médicaments si j'avais de l'énergie ou si j'en perdais.

Une fois un infirmier me proposa de demander une autorisation pour une sortie au stade, car je courais dans

les couloirs en essayant d'appliquer la théorie relative d'Einstein (moi, qui admirais la physique, mais qui ne l'avais jamais comprise). Cela signifiait en ce temps-là : « Le temps est relatif, on peut y voyager. »
Un jour j'eus le droit de sortir avec mes parents. Je n'arrêtais pas de faire de petits sprints – comme un chien qui a besoin de bouger.
A la station il y avait une pièce avec une télé accrochée au plafond. Les nouvelles m'intéressaient le plus, car j'étais persuadée pouvoir influencer les événements du monde entier.
Par contre, si les émissions me touchaient personnellement, j'étais obligée de quitter la salle. Je ne supportais pas les séries policières. Cela me faisait repenser à ma « capture » et je n'étais pas encore prête à affronter ce problème.
Un soir apparut le numéro de téléphone de l'ami du cheval au loto. Je le racontai au joueur de flûte expérimenté qui put à peine le croire. De telles choses donnent l'impression de ne plus être dans la troisième réalité. Je travaillai alors sur une combinaison de chiffres que ma famille devrait mettre sur la grille du loto. Nous n'avons rien gagné, bien sûr.

Le beurre nourrit les nerfs...

J'étais maigre. Avant la phase maniaque, je n'étais pas capable d'absorber la nourriture de manière adéquate. L'estomac refusait d'avoir faim. Et quand il avait faim, l'oesophage refusait de laisser passer autre chose que certains produits chocolatés.

Celui qui est trop mince ne peut pas bien se défendre contre les maladies. Je savais que je devais absolument grossir. Et j'acceptais n'importe quel conseil. Ma grand-mère me disait que le beurre était bon pour moi, « il nourrit les nerfs ». Aussi mangeais-je excessivement de beurre. Même si je ne pouvais presque rien avaler, je mangeais quand même le beurre.

Dans la salle à manger on avait des coutumes un peu étranges. Les patients prenant du Leponex, un médicament qui donne faim *(Le patient reçoit du Leponex quand les autres médicaments ne donnent pas l'effet souhaité. Sur la notice on trouve une longue liste d'effets secondaires. Le médicament peut attaquer les cellules blanches. C'est pourquoi, des analyses de sang régulières sont indispensables. Avant de pouvoir ajouter le Leponex, le patient doit souscrire un accord écrit dans lequel on l'informe que le médicament peut causer la mort. Je commençais à avoir peur. Bien sur, ce cas n'arriverait pas, mais il était difficile de souscrire à un tel document.)* – n'avaient pas assez de nourriture dans leurs assiettes. D'autres n'avaient pu remplir correctement leurs fiches de commande et se trouvaient devant un repas qu'ils n'aimaient pas. Alors on criait: « Qui a encore du pain ? Qui échangerait une salade de pommes de terre contre une salade de charcuterie ? A qui manque-t-il du beurre ? » à Moi ! C'était une bonne chose. On ne gaspillait pas la nourriture. Et malgré le fait que chacun ait son propre plateau, on mangeait quand même ensemble.

Sur les fiches des plateaux, nos noms étaient marqués ainsi que notre commande. On pensait qu'ils écorchaient volontairement nos noms. Ou bien on pensait qu'il s'agissait d'une blague. En tout cas, on rigolait comme des fous.

Après le repas, l'infirmière donnait et contrôlait la prise des médicaments. Entre-temps l'infirmier comptait les couverts au cas où un suicidaire se trouverait parmi nous. Il était interdit d'emmener des objets pointus, des bouteilles en verre ou des choses similaires, à la station fermée.

Le dîner était servi à une heure à laquelle je ne pouvais pas m'habituer : 16.30h. Mais les employés de l'hôpital avaient également besoin de repos . Un camion transportait la nourriture au sous-sol et un infirmier descendait pour la chercher. Une fois la voyante et moi avons vu un de ces camions passer à côté de la salle d'éveil. Sur ce camion était noté : « Service 24 heures ». Elle rigolait en disant : « Les putes courent derrière le camion toute la journée. »

Deux-trois heures après le dîner nous avions à nouveau des grenouilles dans le ventre. Certains allaient chercher les pains qu'ils avaient stockés dans de petits placards blancs. D'autres faisaient la manche. Moi, je disposais toujours d'un petit stock de Bretzels, chocolats, eau etc. que ma famille m'avait apportés. Au départ je distribuais tout, mais avec le temps mes besoins changèrent. Si j'avais le sentiment qu'on profitait de moi, j'en parlais, et on trouvait toujours une solution. On était tous des âmes un peu bizarres, mais entre nous les relations n'étaient souvent pas compliquées.

En tout cas, on avait un même but : Retrouver la bonne santé et quitter cet endroit. Mais ce but était encore très loin.

Question de santé...

Le Monsieur médecin chef – son nom ressemblait à celui d'un animal – ne décidait pas de vie ou de mort, mais de bas et de haut. En bas il y avait la station fermée 03 où les clés cliquetaient, en haut la station ouverte 04 où la porte d'entrée était ouverte. Tu devais rester en bas si tu étais encore attaché à la croix de Jésus, si tu chantais (je chantais souvent de toutes mes forces. Très fort. La mélodie existe peut-être, les paroles sûrement pas. C'était à peu près cela : mala schalach mq jaschet ta taille, ba la schalach ma jaschet davai, mama fallare donde le raille...) dansais comme moi ou si tu étais tout simplement trop déconcerté pour affronter la nouvelle liberté de la station ouverte.

Mais pour tout le monde venait un jour le moment de monter les escaliers. La voyante eut besoin d'environ sept mois. Moi, je ne suis restée en tout que quatre semaines dans l'enfer du bas. Au premier étage, il y avait un endroit d'où l'on pouvait regarder au travers de plantes et de barres en bois, les autres en bas et constater leur degré de maladie. Souvent on s'appelait. Souvent on descendait comme visiteur en bas, car on ne voulait pas de séparation. On voulait juste avoir le droit de remonter à l'endroit où l'on avait ce petit bout d'autodétermination.

La vie à l'hôpital avait le goût d'une mise en tutelle et parfois certains en souffraient. Un homme d'environ 25 ans que j'avais connu au cours de sport du matin avait même un curateur. A chaque fois que l'on se rencontrait, il me demandait ce que je pensais de sa situation. Désespérée je lui répondais que c'était pour son bien. En même temps, je trouvais cruel de le priver de ses droits.

Le jour où l'on m'a emmenée à l'hôpital, j'ai du signer une déclaration qui stipulait que je me trouvais ici de mon plein gré et que je pouvais m'en aller à tout moment. Théoriquement. En réalité les médecins pouvaient s'opposer à la volonté d'un patient désirant quitter la clinique s'il était encore dans un état critique. Quelques patients faisaient appel à des avocats qui réussissaient à les faire sortir. Mais peu de temps après, ces mêmes personnes se trouvaient de nouveau à la station, ces avocats n'avaient donné que de vains et faux espoirs à ceux qui pensaient être dans la psychiatrie par erreur.

Les médecins traitants déterminaient notre nouvelle liberté dans la station ouverte. Le plus important pour moi était le règlement des sorties. La clinique se trouvait sur un grand terrain que nous ne devions pas quitter. Ils décidaient aussi des personnes avec qui on avait le droit de sortir, de celles qui venaient nous voir, avec un infirmier ou bien avec un autre patient. A la fin on pouvait se déplacer librement sur le terrain. Plus tard il y avait la possibilité d'aller en ville. Souvent on s'installait dans la « Marktscheide », une brasserie à Wiesloch, pour boire de la bière ou du coca.

On se baladait en ville, faisait les magasins, achetait de temps en temps de petites choses et rentrait ensuite à l'hôpital. Dans un bureau de tabac et de souvenirs les propriétaires nous détestaient et nous regardaient avec mépris. Pour eux nous n'étions que des voleurs ou des clients peu rentables. Mais heureusement ce magasin était une exception.

Après avoir réussi la sortie en ville, le prochain exercice suivait. On était désormais capable de rentrer dans nos appartements situés près de la ville de Wiesloch. Là-bas il fallait réapprendre à maîtriser la vie quotidienne. Petit à petit on se refamiliarisait avec notre première réalité. Petit à petit.

Noël terrible...

Le planning du personnel des stations ressemblait au réseau de bus régional. Du Lundi au vendredi tu peux espérer avancer sans attendre trop longtemps. Le samedi tout dure déjà plus longtemps. Et les dimanches et jours fériés presque rien ne marche.
Pendant que les gens au dehors se réjouissaient des jours fériés, nous étions enfermés derrière ces portes lourdes en attendant avec impatience la fin des ces mêmes jours.
Presque désespérée je cherchais une solution en regardant le tableau aide-mémoire marron pour trouver une sorte de programme d'urgence. Dans une des maisons se trouvant sur le terrain un atelier proposait de l'ergothérapie le 26 décembre. J'étais capable de m'orienter. C'était un bon signe.
Pourtant ça n'allait pas très bien. J'avais beaucoup de mal à m'habiller. Ma grand-mère maternelle m'avait conseillé de porter des vêtements chauds. Et je suivais son conseil. Le chemin menant à l'atelier n'était pas long, mais je mettais autant de temps qu'une vieille femme. Mon corps était lourd. Je le déplaçais, je l'avançais petit à petit.
Finalement, j'arrivai à l'atelier qui me plut beaucoup. Mais j'étais trop

faible pour pouvoir faire quelque chose.
Les ergothérapeutes savent tout de suite ce que tu peux ou ne peux pas réaliser. Alors l'ergothérapeute me proposa de faire une empreinte en plâtre. Je tenais ma main. C'était tout ce que je pouvais faire. Pendant qu'elle appliquait le plâtre mouillé et agréable sur ma main, elle me demanda si cela me faisait peur. Peut-être un peu, mais ce n'était pas grave.
A la station quelqu'un avait eu la bonne idée de chanter des chansons de Noël. *L'infirmier au visage doux* nous donnait des livres, car qui connaissait plus de deux passages d'une chanson ?
Le joueur à la flûte expérimenté prenait sa flûte et jouait toutes les chansons par cœur. La musique remplissait tout le bâtiment de lumière. « Oh du fröhliche » Même si nous n'étions pas les plus heureux, notre chant et le son de la flûte touchaient nos âmes.
Pendant ces moments, les familles se réunissaient auprès du sapin de Noël et se sentaient encore plus mal que nous. « Oh du fröhliche, oh du selige, temps terrible de Noël ».
Les jours passaient, comme tous les jours. C'est le rythme du temps. Ils viennent et ils s'en vont.

Heureusement, Noël nous dit adieu et la vie quotidienne reprit à la station : Se lever, prendre le petit déjeuner, faire une demie-heure de sport

(Autrefois je jouais au hand. Un sport de compétition. On avait de l'entraînement trois fois par semaine. Pendant la gymnastique le matin à l'hôpital psychiatrique de Wiesloch je ne réussissais même pas les exercices faciles. Malgré tout, cela ne m'inquiétait pas trop. J'étais persuadée que mes forces perdues reviendraient.)

Le matin (pour moi et pour ceux que j'avais pu convaincre de venir), ergothérapie ou groupe commun

(A côté de l'ergothérapie, il y avait le « groupe commun » où l'on réalisait un projet commun. On imprimait par exemple une nappe avec des motifs différents. Le groupe devait favoriser l'esprit d'équipe. Il fallait discuter le projet avec les autres patients et organiser le processus du travail. Je trouvais cela nul.)

mesure de la tension, prise de pouls, déjeuner, suivre les couloirs, prise de sang, attente de la visite du grand chef médecin une fois par semaine, balade à l'extérieur, dîner...

La clinique proposait en plus des activités « extérieures » comme le bowling ou la natation. Dans la première réalité personne ne me verrait dans une piscine. Dans la troisième je trouvais cela reposant. Ainsi se développaient beaucoup de choses. Parfois la maladie te montre des chemins que tu n'a pas encore vu consciemment. Personne n'est malade pour rien. Le voyage dans la troisième réalité peut être insupportable, mais il n'est pas vide de sens.

Les hessois viennent...

La plupart des patients pouvaient compter sur leur famille. La voyante parlait de son père aux Etats-Unis qui viendrait la voir. Je n'en croyais pas un seul mot, car cela ressemblait à l'histoire de « mon oncle d'Amérique ». Mais il existait vraiment. Il lui apportait tant de cadeaux que le personnel de la clinique était mécontent.
Certains patients refusaient de voir leur famille. Comme la femme qui partageait ma chambre. Elle était couchée presque toute la journée, maigre et sans force. Aucun médecin ne pouvait l'aider. Je me concentrais sur elle. Il devait y avoir un chemin pour la sauver ! Une nuit elle trouva dans la seconde réalité un événement clé qui lui redonna la force de vivre. Elle se leva le matin avec beaucoup

d'espérance en disant souhaiter voir ses parents,et qu'elle voulait guérir. J'étais persuadée l'avoir aidée par mes forces surnaturelles, mais même à moi je ne pouvais le prouver.

Ma famille habite dans le Hesse, la région de Francfort, environ cent kilomètres au nord de Wiesloch. On ne peut pas empêcher les vrais hessois de se déplacer pour conquérir d'autres landes. Comme mes ancêtres. Grand-mères, frère, père et mère faisaient des paniers de provisions, sautaient dans leur moyen de transport à quatre roues et transportaient le tout par delà la frontière hessoise souabe. Ils apportaient toutes les choses pouvant faire rêver quelqu'un se trouvant loin de chez lui. Presque tous les deux jours ils arrivaient à l'étranger souabe. L'ADAC – « Mondial Assistance » en Allemagne – s'inquiétait que sur cette autoroute (il ne s'agissait pas de l'A 4) il y ait tant de rainures hessoises.

Le contact avec le monde extérieur est très important pour l'équipe psychiatrique. Personne ne te connaît aussi bien que ta famille. Personne ne sait mieux qu'elle que tu es dur comme une pierre dans la première réalité. Tu lui parles dans la troisième réalité, mais elle ne te laisse pas t'y en aller. Elle te retient, longtemps, jusqu'au moment où tu

arrives à distinguer toutes les réalités.
J'étais persuadée avoir plusieurs frères et je demandais à ma mère de vérifier le livret de famille. Mon frère était assis à côté. Mon seul frère. Je souhaitais être quatre comme le joueur de flûte expérimenté qui avait grandi avec deux sœurs et un grand frère (J'appris des années plus tard qu'ils étaient six.). Parfois je lui demandais s'il voulait être mon grand frère et il répondait doucement : « J'aime mieux pas. » Quand il remarquait que cela était important pour moi, il ajoutait : « Ok, vas y ! »
Ma mère m'appelait régulièrement les jours sans visite. Elle demandait toujours ce qu'il y avait au repas. Certaines personnes peuvent trouver cela secondaire ou superficiel. Mais pour moi il était souvent difficile de répondre à cette question. La mémoire à court terme souffre sous l'effet des médicaments. Tu te sens parfois comme quelqu'un de quatre-vingt ans et six mois, seule la mémoire à long terme fonctionne encore.
Non, les informations devaient être cachées quelque part dans les neurones. Et quand je faisais un effort énorme, je les retrouvais.
La famille ressemblait aux œuvres d'art de la grande salle d'entrée

principale de la clinique. Un artiste avait posé la sculpture d'une énorme pomme blanche dans la cour extérieure- elle était coupée, amputée, le quart manquant se trouvait à l'intérieur. Une partie de nous était malade. Juste une partie. Et l'arbre qui nous avait créés, formés, tirait avec ses racines, avec ses bras pour nous ramener dans la même réalité.

L' église jaune soleil...

Quand j'étais toute petite, le jaune était déjà prioritaire parmi toute la gamme des autres couleurs. Au cours de jeux de société, je prenais toujours les pions jaunes. Mes vêtements jaunes étaient mes préférés. Mais pendant ma phase dépressive commençée à l'âge de quatorze ans et terminée à vingt-six, je m'habillais en gris et je dessinais le monde en noir, noir et noir. Au final je ne créais que de petits êtres foncés, bouche ouverte, en train de crier.
Et puis cette église sur le terrain de l'hôpital osait être moderne, porter la couleur du soleil, être vivante. Je la regardais avec fascination et refus en même temps. Il était impossible de l'ignorer. Impossible. Cela m'aurait coûté trop d'efforts. Et j'aurais dû arrêter complètement le regard au

travers des fenêtres. Mais je suis voyeuse et je ne voulais pas abandonner ce plaisir de regarder. Je décidais donc d'affronter ce jaune magnifique.

Au départ, des influences chrétiennes se manifestaient. Mon père racontait que je l'avais obligé à rentrer dans une église pour lui montrer des anges volants. Il se rendit compte que j'avais encore besoin de beaucoup de temps avant de retourner dans la première réalité.

Dans l'église il y avait beaucoup de brochures, parfois payantes. J'aurais pu me servir librement et tromper le miracle jaune, mais je craignais que cela ne porte malheur. Superstition ? Parfois je m'asseyais sur les bancs en bois. Parfois je venais pendant la messe. Parfois je regardais intensément les bougies.

Un mauvais jour, j'entrai à la fin de l'homélie au moment des chants religieux.

Le pasteur ou le prêtre, attentif, me donna un livre de cantiques. Mais moi, je chantais ma propre chanson. « Mala schalach ma jaschet ta taille, ba la schalach ma jaschet davai, mama falare donde le raille ». Ma voix ne recouvrait pas celle de l'orgue, mais celle de certains chanteurs chrétiens. Je me levai et partis. La religion est une bonne chose pour ceux qui en sont heureux. Les autres doivent rencontrer leur propre religion. Elle ne se trouve pas dans les livres. Elle ne se trouve pas dans une organisation. Elle paraît invisible, car elle se cache dans la quatrième réalité. La vie quotidienne masque les forces intérieures. On pourrait tellement améliorer notre vie en voyageant dans la quatrième réalité. L'esprit reçoit des milliers d'informations qui peuvent nous rapprocher de nos rêves. Il faut envisager sereinement l'avenir. Les choses vont se développer. Le bon chemin est devant nous.

Pendant la visite du médecin chef, on me demanda ce qu'il y avait avec dieu. Je bougeai la tête pour dire rien. Qu'est-ce qu'il y a avec dieu. IL marche pieds nus, c'est tout. Est-ce que c'est important s'il existe ou pas ? Laissez-le en paix ! Il est là pour ceux qui lui parlent, qui espèrent à travers lui. Mais arrêtez de vous battre à cause de dieu ! La religion réunit certaines personnes et sépare les autres. Cela m'a toujours énervé.

De ma chambre je pouvais encore voir l'église jaune dans son manteau d'hiver. Personne ne me conduira à l'autel, me disais-je en doutant, pas même l'ami du cheval. Les cloches commencèrent à sonner, fort et longtemps. La voyante ne supportait pas ce bruit. On était encore très sensible aux sons. Et ça sonnait, sonnait et sonnait dans la tour de l'église jaune.

L' âme jumelle télépathique....

Le séjour à Wiesloch montrait qu'on pouvait également trouver des amis chers hors d'Hesse. Ils sont souvent venus me voir.
Certains, qui ne pouvaient pas venir se mettre sur la scène de la folie, me bombardaient de lettres. Ainsi faisait *la souriante imperturbable* originaire du Nord. A son côté des étoiles heureuses brillent, à son côté la lune reflète, à son côté il ne fait jamais froid, à son côté habite le sourire libre.
Où que tu sois, un simple petit détail de la vie quotidienne te sort un petit sourire. Peut-être pas aujourd'hui ou demain. Peut-être pas après-demain. Mais peut-être dans une semaine.

Un après-midi *la guérisseuse à venir* et *l'artiste aux cheveux bouclés* vinrent « chez moi ». Nous descendîmes en ville pour manger une pizza dans un petit restaurant. Le menu venait à peine d'être servi qu'une insupportable impatience monta en moi.

Il me fallait rentrer à la station. Tout de suite. Le monde « extérieur » autour de moi, cette première réalité stressante manquait de calme et je n'étais pas encore prête à le supporter.

Beaucoup d'amitiés devinrent plus intenses pendant ma randonnée dans la troisième réalité. Mais certaines fondirent aussi comme neige au soleil. Celles qui restaient avaient la bonne distance, proche et lointaine à la fois.
La communication la plus frappante était avec *l' âme jumelle télépathique,* (En allemand, on parle de l'âme de la famille, en français de l'âme sœur et en espagnol de l'âme jumelle. La dernière est la plus forte, car personne ne peut t'être plus proche que ton frère jumeau ou ta sœur jumelle. Tu vivais déjà à son côté quand tu n'étais qu'une toute petite cellule*,* à un nano-millimètre près.) Elle décroche son téléphone pour m'appeler. Occupé. Je compose son numéro. On se retrouve en contact dans la quatrième réalité.
L' âme jumelle télépathique venait souvent pour me soutenir. Après le conseil de mon médecin de ne pas m'échapper de la clinique, on sortait se balader. Malgré le fait que je sois étrange et que je jette des pierres,

jamais un mur ne s'est formé entre nous.
La troisième réalité accepte rarement les contradictions.
Ce que j'exprimais correspondait à ma vérité du moment. Même s'il s'agissait de choses peu importantes comme le fait d'être persuadée que le père de l' âme jumelle télépathique conduisait une BMW rouge.
Toute discussion à ce sujet ne menait à rien. J'étais persuadée avoir raison.
Jamais je n'ai été si sûre de moi que pendant ma maladie. Jamais je n'ai été si persuadée de mes actes. Jamais je n'ai été si loin de la timidité.
Quand il y avait une réunion de patients, je me battais presque pour en devenir le chef d'équipe. Juste avant le commencement de la réunion, je me levais en sautant dans la salle. Danser et chanter était tellement mal vu que les médecins m'expliquaient que je ne pourrais pas quitter l'hôpital si je continuais à être contente de façon si peu naturelle.
Au fur et à mesure que ma santé revenait, les responsabilités devenaient de plus en plus lourdes. Dès que je voulais m'engager dans un groupe, mes mains tremblaient comme auparavant. Mais je voulais quand même prendre des responsabilités.

Que cela fut ainsi, je ne l'aurais jamais su dans la première réalité. Le séjour à l'hôpital psychiatrique était un voyage – parfois cruel – dans les profondeurs de moi-même. Il y a sûrement des moyens plus faciles pour se connaître, mais mon chemin était bien la folie pure.

Fin hiver.... Début printemps...

Je passai Noël, le Nouvel An et mon 25ème anniversaire – j'avais crié le plus fort possible : « Je veux sortir d'ici ! » - à la station. On était déjà en mars. Je me sentais beaucoup mieux. On avait arrêté de tester les médicaments Haldol, Taxilan et Leponex (que je gardais) sur mon pauvre corps. Le week-end j'allais voir ma petite Hesse ou je voyais des amis à Heidelberg. Je devenais de plus en plus une visiteuse de la station 04, mais je n'avais pas encore le droit de quitter ce lieu bizarre.
Pour passer le temps, j'allais à la bibliothèque située sur le terrain pour emprunter le « Baron des Tziganes » et les « Quatre Saisons ». Encore un essai pour combattre l'ennui insupportable. J'appelais l'ami du cheval. Il me conseillait de lire. A un moment j'ai cru que lui aussi faisait partie de la troisième

réalité, mais son propos était clair. Il ignorait tout de notre incapacité à pouvoir prendre un bouquin dans la main, à pouvoir lire, car cela demandait endurance et concentration. Quelqu'un de la première réalité ne peut le comprendre.

Il y a une expression allemande pour dire « être blindé » : avoir une grosse fourrure. Mais on ne l'avait plus sur nous. On avait froid, parce qu'on était faible face aux attaques du froid extérieur. Je ne pouvais même pas regarder un western, à cause des morts, je trouvais cela trop cruel – ce qui est vrai d'ailleurs.

Les médecins me cachaient la vérité sur la longueur du séjour à l'hôpital. Encore quelques jours. Encore une semaine. C'était pédagogique. S'ils m'avaient dit dès le départ que je resterais trois mois et demi, j'aurais sans doute paniqué. « Je ne tiendrai jamais autant de semaines. »

Sur le terrain il y avait des bâtiments entourés d'un énorme mur en béton gris. Ils y avaient transféré *celui avec des yeux marrons doux.* Il paraît qu'il avait frappé un homme. Je ne pouvais pas l'imaginer. Sûrement il avait eu de bonnes raisons. Sûrement il avait complètement déconné.

Derrière le mur – on appelait ainsi cet endroit – les vrais détenus le frappaient. Peut-être, parce qu'il n'était pas allemand. Peut-être, parce qu'il était trop sensible. Comment cela peut-il arriver ? A quoi sert la surveillance ? Pourquoi n'es-tu même pas en sécurité dans la psychiatrie ? Sur notre station, on n'avait pas ces problèmes. On ressemblait à des tasses d'Heidelberg de couleurs variées qu'on avait distribuées sur des stations différentes. Et l'on formait un service paisible.

Le vingt mars approchait. Cette fois le médecin chef m'assura que ce seraient mes derniers jours à la station. Puis je marchai encore quelques jours intensivement dans les couloirs, je suivis les horaires des repas, pris sagement mes médicaments, me baladai sur le terrain, parlai aux gens connus ou inconnus, m'assis au petit café de l'entrée principale, achetai quelque chose dans le petit magasin, observai l'église jaune soleil, regardai l'étrange fontaine et comptai les secondes jusqu'au début du printemps.

Vingt mars mille neuf cent quatre-vingt-douze. Début de l'après-midi. Les hessois venaient me chercher. Adieu à vous étrangers qui étaient devenus des amis.

En ergothérapie on m'avait donné une enveloppe avec les vœux des patients. Personne n'écrivait « au revoir », car on ne voulait plus se revoir à cet endroit. Mais ce n'était qu'un vœu…

Presque comme avant.

Les médecins disaient que chez certains patients la maladie ne se produisait qu'une seule fois. Tout le monde espérait donc que je fasse partie de cette catégorie de personnes. je me lançai donc dans ma vie antérieure. Université, amis, conduire ma coccinelle blanche, vivre isolée, solitude entre les gens. On avait l'impression que tout était comme avant. Pour ceux qui ne me connaissaient pas profondément.
Régulièrement, je partais pour Wiesloch pour revoir des amis qui se battaient encore dans la troisième réalité. Par rapport à beaucoup d'autres, je retournais facilement à l'endroit des portes fermées. Peut-être, parce que je pouvais le quitter à tout moment. Peut-être, parce que je devais m'éloigner petit à petit. Tout de même, une partie de moi restait là-bas. Un petit pépin de pomme, presque invisible.
Dans la nouvelle liberté *une psychiatre portant un prénom russe* s'occupait de moi.
La dose des médicaments était tellement élevée que la fatigue

m'empêchait de faire quoi que se soit. Puis on réduisit « le responsable », Monsieur Leponex de 250 mg à 12,5 mg en deux ans. La dose devint trop faible pour me protéger du chaos qui venait de se ranimer.
Je nettoyai soigneusement ma chambre à Ziegelhausen, suppliai à genoux dieu de me donner de l'aide et pris le premier bus pour Paris.
La place à côté de moi resta libre et je crus que l'ami du cheval l'avait réservée.
J'habitais dans le 13ème arrondissement chez *la bretonne exceptionnelle*.
Le soleil brillait à travers de grandes fenêtres dans la chambre au 6ème étage. J'appelais l'ami du cheval. Sa voix était douce et tendre.
C'était le trente mars mille neuf cent quatre-vingt-quatorze. Je téléphonai très chaleureusement, mais de façon peu naturelle, à la guérisseuse à venir, car elle fêtait son 27ème anniversaire. Le désarroi de mon âme avait bien recommençé.
J'allai voir *la petite fleur d'eau* et nous partîmes pour Noisy le Sec où la famille de son conjoint habitait.
Maniaque comme je l'étais, les jeux de mots fusaient de ma bouche.
On avait l'impression de se lancer des balles. Puis l'on riait et blaguait. J'étais méchante avec la petite fleur d'eau, car je me sentais incomprise.

Nous sortîmes de la maison et je me barrai pour découvrir la ville. Dans la rue, je rencontrai *le randonneur solitaire,* il portait un casque, car à tout moment il pouvait avoir des crises d'épilepsie. On se promena un bout de chemin ensemble et il se montra très surpris que je dise bien vouloir le revoir.

Tout d'un coup, ses parents se retrouvèrent à nos côtés. On s'installa dans un café et je découvris un jeu s'appelant « la française des jeux ». Incroyable. C'était moi, cette femme. Je m'identifiai à cette figure irréelle, peut-être, parce que j'ai toujours aimé les jeux. Mais cette fois, je n'avais pas d'argent pour participer. J'avais les nerfs en pelote.

La petite fleur d'eau me retrouva et l'on prit la voiture pour aller dans un centre commercial. Sur les panneaux de la rue était marqué « Pantin », la ville où l'ami du cheval habitait. Je souriais.

Je ne savais pas comment, mais je sentais que je devais rentrer en Allemagne. Tellement perturbée, j'errais dans Paris. La petite fleur d'eau et son conjoint m'accompagnèrent en voiture à l'Ambassade d'Allemagne et ensuite à la gare. Impatiente comme je l'étais, je pris le premier train vers l'est. Le mauvais. Le contrôleur regrettait de me faire payer plus cher. Mais je lui dis que c'était bon. Il y a des situations dans lesquelles tu dois investir plus.

Perdue dans le sud...

Quelque part je quittai le train. Quelque part, je montai dans une autre train. Un contrôleur me vira en criant et souriant à la fois, il pensait que je lui faisais une blague en lui présentant un billet sûrement pas valable. Mais bon, mon problème principal était plutôt la lourdeur de mon sac à dos. J'y cachais des trésors. Comme une veste en cuir violette que j'avais achetée sans me rendre compte pour *le sapin*, une copine d'Heidelberg.
Dans une gare du sud sauvage, j'étais persuadée participer à un jeu. Qui avancera le plus vite ? Qui arrivera au but le premier ? Je courais dans la gare en faisant des aller- retours, j'appuyais sauvagement sur les boutons des guichets automatiques et demandais aux autres personnes du quai s'ils jouaient également.
Dans un point d'échange, je présentai à une dame la carte American Express que je venais de découper soigneusement d'un papier publicitaire et lui demandai de l'argent. Elle rit.

Je riais. Finalement, j'avais de l'argent de différents pays à changer. Je pense que c'était de la monnaie de France, de Belgique, du Luxembourg et de Suisse. Oui. En Suisse, j'avais pris un taxis dont le chauffeur était turc, pour traverser la frontière suisse-allemande. Il me demanda dans quelle direction il fallait aller et je répondis : « vers le soleil ». Il se levait juste et paraissait me montrer le chemin.

On poursuivit un bus que je choisis au hasard pour continuer mon trajet. Un ticket pour cinq Deutsche Mark permettait d'utiliser tous les moyens de transport régionaux. Donc, j'en profitais. Je parlai avec un albanais de mon âge sur la vie au sud de l'Allemagne.

Dans la première réalité je crains toujours de perdre le contrôle des choses. La troisième réalité absorbe ces difficultés et me transforme en un être naturel (un aspect de moi qui disparaît avec la santé). Tu parles aux gens, juste pour parler. Ils savent, ce que cela veut dire. Ils savent que tu descendras bientôt du bus. Ils savent que tu ne veux pas qu'ils te suivent. Et ils ne te suivent pas.

Je me trouvai de nouveau dans le train. J'avais des grenouilles dans le ventre qui n'arrêtaient pas de sauter.

Un groupe d'enfants et deux maîtresses montèrent. Ils mangeaient des saucisses. Je demandai si je pouvais en avoir une. Sûrement, mais d'abord il fallait servir les enfants. Cela me semblait logique. Finalement, moi, le grand enfant, je reçus aussi une saucisse.

Il se mit subitement à neiger, partout du blanc. Je demandai à un couple où l'on se trouvait. Je demandai à beaucoup de monde où était le chemin pour Heidelberg. Mais personne ne pouvait vraiment m'aider. Le couple avait une carte de la région que je regardai à l'envers. Le Monsieur m'en fit la remarque. Je répondis que je savais lire les cartes aussi de cette manière. Je mentionnai ma maladie.

Le couple me conseilla d'aller au centre d'accueil de la gare, (ce sont des religieux) ce que je ne fis évidemment pas, et me donna cinq Deutsche Mark.

Les gens du sud sont peut-être avares envers certains et donnent peu de pourboire en général, mais ils ne te laissent pas mourir de faim, même si tu viens de Hesse.

J'appelai ma cousine qui étudiait à l'époque aux Etats-Unis. Elle avait vécu dans le sud et j'espérais qu'elle pourrait me donner quelques indications concernant ma recherche du bon chemin.

Sa première question fut : « Tu sais quelle heure il est ? » Je n'avais pas pensé au décalage horaire…
Elle s'inquiéta et appela ma famille à Ober Eschbach.
Je continuais mon étrange chemin. Et la famille faisait comme nous à hôpital. S'asseoir, marcher, s'asseoir, marcher, manger, s'asseoir, marcher…

Je fis du stop. Un conducteur de camion aux yeux bleus m'emmena pour un bout de chemin. Je n'osai le regarder. Tous les hommes étaient des ennemis. Tous essayaient d'arracher l'ami du cheval de son coursier. Tous souhaitaient sa mort sauf Lily Marleen et moi.
En apercevant un restaurant souabe sur le côté, je demandai aux chef des milliers de tonnes de s'arrêter et de me faire descendre. Le sac à dos était tellement lourd que je tombai avec lui sur le dos comme une coccinelle aux points noirs.
Le restaurant avait le style traditionnel du sud, meubles marrons, bois. Je consommai une soupe et un coca. Ce que je n'aimais pas sur la carte c'était l'absence de cuisine russe. J'ajoutai donc « borschtsch » avec un crayon ou un stylo.

Il se mit à pleuvoir des cordes. Le propriétaire du restaurant, les habitués, ou ceux de passage, ne savaient pas combien de kilomètres il y avait encore jusqu'à Heidelberg. Peu importe, il fallait continuer à se déplacer.

Dehors, dans la pluie infinie, je m'étais mise à genoux et faisais signe aux voitures qui passaient. Personne ne s'intéressa à mon geste. J'appuyais sur le feu du passage piéton.

L'allemand s'arrêta au feu rouge, bien sûr. *Le conducteur honnête du Golf d'or* m'embarqua et m'approcha d'Heidelberg. Pendant le trajet j'abordais des sujets hyper intellectuels qui ont dû faire croire au conducteur que tous les étudiants étaient complètement arrogants et vivaient en dehors de la réalité.

A une aire de repos, je quittai la voiture et offris le sac à dos à l'honnête conducteur du Golf d'or (Il déposa plus tard le sac à la police qui le renvoya à ma famille.)

Le sac à dos était trop gros, trop lourd. Il m'empêchait d'avancer.

Je me reposai dans une auberge sur la route. Un enfant avait soif. Ses parents ne voulaient pas lui donner à boire. J'oubliai mon sens excessif de la justice et ignorai la file d'attente. J'allai tout droit aux

boissons, me servis sans payer et retournai vers l'enfant tout heureux.
Encore de la pluie. Un car se préparait à partir. Je voulais aller avec eux. Je montai à l'avant. Le conducteur du car me vira. Je montai à l'arrière. Le conducteur du car me vira. Je montai encore à l'avant. Le conducteur du car me vira.
Mais j'avais le billet de cinq Deutsche Mark pour les moyens de transport régionaux. Sur les genoux dans la pluie j'insultai en quelques mots russes les voyageurs partants.
Je retournai à l'auberge afin de trouver un autre moyen de quitter ces lieux. Je jouai aux cartes avec deux hommes sympas, puis nous partîmes ensemble jusqu'à Bruchsal. Enfin un nom de ville qui m'indiquait que je n'étais plus très loin. Je pris le train en direction de Heidelberg. Je voyageai tellement au noir pendant ces deux jours. Mais j'arrivai chez moi !
Gare Centrale d'Heidelberg. Il me manquait les clés de ma chambre. Je ne savais pas où aller. Je ne voulais pas déranger une amie qui habitait tout près, car elle aussi avait des problèmes.
Les trams ne marchaient pas. Il devait être très tôt ou bien très tard. Je déplaçai mon corps lourd et fatigué du côté du quartier Neuenheimer Feld. Derrière des buissons et des pieux de

bois des ombres bizarres appelaient mon nom. Monika. Monika. Devant moi je voyais de grands immeubles qui n'existaient pas.
Lily Marleen pensait qu'il s'agissait d'une projection. Effectivement, chez la petite fleur d'eau j'avais regardé des bâtiments ressemblants.
Je continuai mon chemin sans me laisser impressionner. J'arrivai rue « Ami du cheval – groupe six du système périodique des éléments».
C'était le bon endroit. A la fenêtre je voyais des plantes bien connues. Je sonnais en disant aux femmes accoudées aux fenêtres que j'étais malade. Elles me montrèrent le chemin de l'hôpital Salem. Le médecin traitant, Monsieur Foie, ne venait pas. Mais le conjoint de la grande souris vint me chercher en voiture et m'emmena à l'endroit connu pour surmonter la troisième réalité.

Vieilles habitudes...

Le deuxième match à Wiesloch s'annonçait moins dramatique que le premier, bien qu'on m'ait dit qu'il s'agissait d'une autre psychose grave. les explications n'étaient plus nécessaires. Tout était connu. Les horaires des repas, la durée du séjour à la station fermée, le droit de sortir, le comportement étrange des patients…

Et on ne me faisait plus expérimenter de nouveaux médicaments. On gardait le Leponex et on ajoutait le Lithium.

Parfois, j'avais l'impression de ne plus maîtriser mes jambes. Je savais immédiatement si j'avais trop de Leponex je le communiquais alors aux médecins. Ils le réduisaient alors sans hésitation. Il y avait quelque chose comme une sorte de collaboration et je ne me sentais plus seule avec tous ces sentiments bizarres que je n'arrivais pas à comprendre. C'était ainsi. Et cela passerait.

Malgré tout, le temps semblait immobile . On traînait dans les couloirs. On mangeait. On discutait brièvement. On s'installait dans la salle devant la télé. On suivait les thérapies. On avait l'envie forte de s'enfuir.

La femme qui partageait ma chambre était maçonne (maître) et passait son temps à organiser plein de choses. Tu avais besoin d'un doudou car tu te sentais seule, d'un baladeur ou d'un vélo pour aller en ville ? Elle l'avait. Aujourd'hui encore je ne sais toujours pas comment elle a pu réaliser tout cela. Mais elle l'a fait. Comme elle savait faire un métier d'homme.

Durant ce second séjour à la clinique je revis beaucoup d'anciens infirmières et infirmiers sympas. Mais les médecins d'autrefois avaient pris la fuite. Seul le médecin chef avait résisté.
Heureusement, les patients n'étaient plus les mêmes, excepté le joueur de flûte expérimenté qui se battait encore pour sa santé. Lorsqu'il a demandé à être transféré dans une clinique plus proche de chez lui, ce fut un moment triste pour moi. Il s'en allait et la musique avec lui.
Cette fois, je ne trouvai pas de bons amis, mais l'on ne peut pas toujours s'entendre avec tout le monde et prendre soin des autres. Quand j'ai quitté l'hôpital, je ne retournais plus les voir comme je le faisait auparavant. Le temps de la maladie passait et je regardais devant moi, vers de nouveaux buts. J'essayais de profiter de l'expérience du voyage intérieur psychotique. Un voyage n'est jamais inutile.
Entre temps le médecin chef m'énervait avec ses questions étranges et ses réflexions inadaptées. J'avais trouvé – bizarrement – des magazines français à la station et il fouillait dedans. Il voulait que je regarde certaines pages comme celles de randonneurs se déplaçant dans la neige. Avec ces conseils à la con je

ne pouvais rien faire. il voulait certainement faire allusion à la période où je grimpais, mais bon…

Parfois, je blaguais avec les gens en tenue blanche. Je disais avoir commis un crime. Après un discours sincère sur le sujet, ils apprenaient que j'avais volé une serviette. Très sérieuse, je demandais si on avait accès à ces éléments dans un magasin. Je souhaitais en acheter une pour avoir un souvenir de la clinique. Un des médecins ne pouvait pas s'empêcher de rire. Il m'avait bien comprise.

Les médecins se doivent d'être sérieux en général, car les patients fabulent, même s'ils y croient vraiment. Et un rire serait déplacé. Mais là où l'on ne rigole pas, je ne souhaite pas rester. Je cherchais donc dans la vie quotidienne des petits détails drôles qui provoquaient un petit sourire. Juste un petit sourire.

Pas au revoir.

Le mois de Mai passa et mon voyage dans mes falaises intérieure se termina. Notre médecin chef préféré mit le feu au vert en disant que je pouvais m'en aller dès maintenant. L'attente « rouge » était finie. Soulagée je fis mon sac. Je dis au revoir à ma chambre. Je dis au revoir

aux couloirs. Je dis au revoir à
l'église jaune. Je dis au revoir à la
pomme blanche de l'entrée.
Je dis au revoir à tous ceux qui
attendaient encore le feu vert. Je dis
au revoir à tous ceux qui avaient pris
soin de nous.
Je ne vous oublierai pas. Vous faites
partie de moi. Et pourtant j'espère
vous laisser pour toujours. Pardonnez
moi. Restez en bonne santé. Adieu. Et
pas au-revoir.

***

II. Un rêve ..

Le chemin menant vers toi est
impatient et infiniment lointain
Mes pieds, mes pas courent, foncent
incommensurable
Impossible
de suivre
l'âme
à la vitesse de la lumière
Avec un filet mental
j'attrape le métro
Il fonce par le tunnel
rampe de station en station
Coupure d'électricité
quatre secondes
Je deviens folle
Terminus Pantin
Terminus nostalgie
Tu attends les mains tremblantes
sur le sol gris noir

Tes traces de chaussures
décorent
chaque millimètre du quai
Tes yeux me cherchent
désespérément
Mes yeux te cherchent
désespérément
Plus qu'une
rencontre particulière
Toi et moi
dans toutes les réalités

La Poste.

J'errais dans la ville sans raison particulière, apparemment complètement perdue. Paris. Aucun sens ? Je portais le blouson vert avec un tas de fermetures éclair que ma mère m'avait offert quand je passais mon temps dans la troisième réalité. Je me trompais à l'époque, car je pensais que les infirmiers l'avaient commandé pour moi. Dans cette veste, je me déplaçais lentement – plus lentement que la pousse d'une plante. (Aujourd'hui, je ne marche pas beaucoup plus vite.) Cela ne dépendait ni du ciel nuageux, qui avait envie de pleurer de temps en temps, ni du magasin Surcouf dont il n'y avait plus de catalogues pour moi, mais bien du Conforama qui avait disparu de l'avenue Philippe Auguste.

Je marchais, allais, avançais comme un escargot. Finalement, ce jaune brillant, l'avion bleu en papier, le signe de La Poste française. De la chaleur. Timbres. Joie de la vie quotidienne.
Je prends la direction du guichet automatique situé à l'intérieur de La Poste et je commence à communiquer avec lui. Nouvel avoir. Voilà. Je demande cent Francs. Heureux il crache le billet de couleur marron dégueulasse.
Je m'assoie sur une chaise bancale. Une dame excitée avec un badge vient me voir et me demande si j'ai rendez-vous avec le conseiller financier. Enfin, quelqu'un qui me prend au sérieux dans ce jogging espagnol, baskets, blouson vert et sac à dos Celio. Non, la question semble plutôt vouloir dire que j'ai pris la place de quelqu'un qui attend vraiment. Je suis contente. Je respire l'atmosphère de La Poste.
Au guichet numéro un une discussion modérément agressive se déclenche. Dommage, je ne suis pas arrivée au bon moment. Les clients et les guichetiers ne sont pas encore prêts au combat. A Arcueil les guichetiers sont derrière des vitres. Parfois les clients sont tellement énervés qu'on appelle la police. Une fois arrivés, les

policiers attendent que le client soit à bout de nerfs pour intervenir.
Il y a beaucoup de choses qui ne fonctionnent pas à La Poste, ce qui exaspère les clients. Pour ouvrir un simple compte courant il faut fournir un tas de documents qui varient aussi parfois en fonction du guichetier. Enfin bref, on a besoin de patience à La Poste.
Mais La Poste peut également se monter méthodique. Le système d'attente est très bien développé. Des barrières qui ressemblent à celles des grands hôtels aident les gens à bien se placer et à former une queue.
Mon corps de novembre commence à se décongeler doucement. Au plafond un ventilateur à trois bras pratique sa pause d'hiver. Sur le sol trois carreaux ont été changés. Les nouveaux ont du mal à s'intégrer dans l'ensemble du sol.
Dans la lumière artificielle éclairant la pièce, les gens font sagement la queue. Un homme probablement musulman de l'Asie du Sud, une dame d'environ 55 ans, quelqu'un d'étrange ayant peu de cheveux, une femme en pantalon bleu, un homme en couleur jaune marron qui écarte les jambes, un qui porte la coiffure de Beethoven et un qui semble être africain cache ses mains dans les poches de son anorak : tous trouvent

sans doute qu'attendre debout n'apporte pas grand chose.
Mais attendre est un acte tellement cohérent.
Tu apprends si ce que tu attends a vraiment de l'importance. Tu apprends pourquoi tu es pressé. Tu apprends que tu as raté le temps du silence. Tu apprends que tu n'es plus capable de rêver. Tu apprends que tu ne peux plus observer. Tu apprends que les détails drôles de la vie quotidienne t'échappent. Tu apprends que tu as perdu ton bonheur entre Saint-Denis et Reuilly-Diderot.
Trois des huit guichets sont ouverts. Il paraît qu'aucun employé ne fait grève.
Ma chaise bouge toujours. Quelqu'un laisse ses microbes dans un mouchoir blanc à son entourage. Une femme en rouge profitant du courant d'air reste avec son chien près de l'entrée.
En plusieurs endroits, des cartons, décorés soigneusement, mais inutiles, avec « prioritaire » en bleu, « colis » en rose et « lettre » en rouge et blanc. Ils servent tout simplement de poubelles.
Tout à coup, je remarque que La Poste a installé un système de surveillance. Le conseiller financier cache peut-être le Mauritius vert et il y a de fortes chances qu'un collectionneur demande à entrer au trésor.

C'est le moment où je comprends pourquoi cette dame excitée avec le badge avait sauté sur moi. Evidemment, je fais partie des individus adorant les éléments déchiquetés et collants qu'on peut obtenir normalement en dépensant de l'argent.
Je décide de me lever sans faire un sourire à la caméra, sans montrer mon porte feuille vert foncé du marché de Noël de Mannheim en Allemagne et m'installe réglementairement entre les cordes bleues de la file d'attente pour recevoir cinq timbres de collection à trois Francs.
Un vieil homme d'environ quarante deux ans et demi prend ma place. Avec un regard étrange il plie soigneusement ses billets et les range dans la poche intérieure de sa veste. Puis il se lève encore et traverse la pièce pour fouiller finalement dans les papiers et petits cahiers se trouvant sur les supports de prospectus.
Il y a tellement d'âmes étranges. Il est prétentieux de croire que j'en fais partie.
En même temps cela me rend calme, car ainsi j'échappe au monde des marginaux.
Le guichetier gentil et souriant me remets cinq fois le gâteau d'anniversaire. « C'est tout ce que vous souhaitez ? », me demande t'il poliment. « Oui », répondis-je

rassurée. (Même si cela n'est pas vrai…). Je me sens déjà beaucoup mieux. Je range mes gâteaux dans mon porte feuille, tourne mon corps en direction de la sortie et quitte doucement cette pièce bien chauffée.
Peut-être n'y reviendrai-je plus jamais, mais heureusement il existe d'autres bureaux de poste d'un jaune merveilleux. Dehors il pleut. Encore un regard vers le jaune profond avant que le tunnel du métro de Buzenval me dévore.

Vache noire jusqu'à Pont neuf.

Samedi matin. Je sors de trois couvertures de différentes couleurs. Le chauffage reste froid depuis une semaine, parce que le thermostat – une désignation trop positive pour ce bouton faible – a décidé de faire grève. Fermé c'est la garantie pour des degrés négatifs, ouvert la joie de devoir supporter des odeurs mordantes. Le radiateur se défend jusqu'au bout. Il rêve de paix et de vacances. Mais dans les pages jaunes ou bien blanches, on ne trouve pas encore d'agence de voyage proposant des séjours pour radiateurs de chauffage central. Puis le pauvre reste accroché, des dizaines d'années, des années, des mois, des jours sans week-end, des heures, des minutes, des secondes. Il ne peut même pas profiter de l'été, car il est caché sous l'appui de fenêtre, dans l'ombre, en rêvant au soleil.

Moi-même je ne suis pas capable de diffuser assez de chaleur pour toute une pièce. Mon colocataire en grève dans la chambre au papier de tissu rouge m'oblige à aller dans d'autres pièces de l'appartement.
Finalement, je décide de me reposer du chauffage hostile en me baladant en bus et métro.
Je protège mon corps encore dans le blouson aux fermetures éclair, prends tous les outils dont j'aurai besoin dans la bousculade parisienne et quitte l'appartement.
Pas à pas, j'avance en longeant la Nationale 20 vers la station Vache Noire. Autrefois mon arrière grand-père disait toujours : « Le bœuf, der Ochs, la vache, die Kuh, ferme la porte, die Tür mach zu. » Et maintenant la famille se plaint, car je suis ces mots vers l'Ouest.
Je fais des aller-retours en marchant. Mais sans impatience intérieure. Avant je détestais me promener. Maintenant bouger les pieds pour former une marche sans but est devenu quelque chose entre effort physique et repos.

Un bus aux sièges verts arrive et nous invite à monter.

J'appelle les stations suivantes les supermarchés : Atac, Champion. Porte d'Orléans. Terminus. Le contenu du bus se vide par deux portes vers le week-end de pluie et de froid. Ensemble nous traversons la route au feu rouge, passons par la boulangerie impolie et le dépôt asiatique de vitamines en forme de fruits et légumes pour arriver finalement devant la station de métro 4.

Des odeurs étranges occupent l'air. Il paraît que chaque moyen de transport a son propre parfum. Les odeurs du métro et du RER sont complètement différentes.

Sur les escaliers, sur les quais, dans les tunnels, partout les déchets s'empilent. Des tickets de métro, des microbes de rhume emballés dans des mouchoirs en papier, des journaux déchirés, des cigarettes usagées interdites, des canettes déformées et les traces de la restauration rapide se réunissent pour former une accumulation paisible.

Il paraît que l'équipe de nettoyage armée de balais en plastique vert clair a également décidé de faire grève. J'espère que le refus de nettoyer durera pendant des semaines et des mois. Il faut que tout pourrisse et pue jusqu'à ce qu'on ait

besoin de masques à gaz pour pénétrer dans ces espaces noirs au-dessous de Paris. Il faut qu'une colonie de rats se jette sur le monde du métro. Il faut que les déchets s'entassent jusqu'à ce que plus personne n'arrive à avancer sans pelle de neige.
Mais on va culpabiliser les individus portant les vêtements de la RATP. Comme si c'était eux les inventeurs de l'industrie d'emballages. Comme si c'était eux qui jettent au hasard, sans même le remarquer, un bout de plastique par terre.
Aujourd'hui à titre exceptionnel, le métro démarre de l'autre côté du quai. Un signal d'alerte nous annonce qu'il y aura bientôt un autre bruit qui nous éclatera le conduit auditif, la fermeture des portes.
On est prêt. La ligne 4 du métro se déplace vers le nord en direction de la Porte de Clignancourt.

Hier j'ai pris exceptionnellement le RER pour aller en ville. Sur le quai on a annoncé que la ligne 4 du métro était bloquée dans les deux sens. Un accident grave de voyageur. Je réfléchissais si la quatrième réalité m'avais signalé ce fait.
A la station de métro Alésia. Sûrement, il s'agissait d'un suicide. Je comprends le besoin de quelqu'un ayant la mort dans l'esprit et dans

l'âme de se libérer d'une vie qui paraît sans issue, mais en même temps, ce pas réel vers le vide me semble incompréhensible.

Un camarade de l'école, tout juste majeur, s'est tiré une balle dans la bouche. Quelque part dehors, dans les champs, peut-être entre de toutes petites betteraves à sucre vertes. Une décision solitaire. Un secret. Entre lui et sa vie. Il ne voulait blesser personne, il choisit un chemin bas et sûr, dehors, d'où l'on n'entendrait même pas ses tirs. Une fois, en classe nous avions échangé de petits cadeaux et j'avais reçu le sien. Un cochon porte bonheur en porcelaine avec un Pfennig dedans. Peut-être n'aurait-il pas dû offrir son bonheur. Avec ses amis, j'arrivai au cimetière de la forêt de Bad Homburg. Mon presque voisin et le jeune qui était important pour moi. Je ne les ai pas pris dans mes bras. Jamais je les avais vus pleurer autant. Je suis partie. En silence.
Le ticket de bus pour Ober Eschbach, le village de ma famille, resta vierge pour toujours. J'avais oublié de le composter.

Le métro poursuit son chemin en vacillant vers le prochain arrêt. Les musiciens de la ligne 4, plus que connus, montent dans un wagon. Accordéon pour l'homme. Maracas pour la dame. Il n'y a pas de raison, mais je suis énervée. Un mauvais signe. Chaque petit détail pouvant me pousser à bout de nerfs, me fait penser à la troisième réalité. Surtout ce qui concerne le volume, le son de la musique ou d'un bruit, j'y suis très sensible. Les voix et la musique doivent pile poile correspondre aux exigences de mon pauvre corps auditif. Dernièrement, j'écoutais souvent le Buena Vista Social Club. C'est incroyable que des musiciens aussi talentueux aient disparu pendant tant d'années. Seul ce joueur de trompette caresse mes oreilles.

Trois allemands montent dans le train. Grands. Musculeux. L'un avec un bonnet. L'autre avec une casquette et le dernier que je ne remarque même pas. Celui du milieu montre ses connaissances en espagnol en causant avec un Cubain. Un autre dit qu'il voudrait passer une journée de sa vie à ne boire rien d'autre que de la bière. Les compatriotes typiques ? Avec un sourire de la vie quotidienne, je suis assise sur un des bancs qui sautent en suivant le rythme du métro.
Arrêt Montparnasse Bienvenüe. J'y descends souvent pour manger avec la

petite fleur d'eau. Je l'attends auprès des trains en partance pour la Bretagne. Un va-et-vient. C'est le pays de l'ami du cheval.
Peut-être vais-je l'atteindre plus tôt que lui. La mer. La mer infinie. Se réveiller et entendre sa voix. Vivre les tempêtes. Admirer les grandes vagues.

Le métro s'arrête. Châtelet. Le cœur de Paris. Je change de ligne et continue avec la 7, direction La Courneuve, 8 Mai 1945. Un nom assez étrange. On a l'impression d'aller vers le passé.
C'est presque un espace de rencontre dans un des couloirs du métro où des péruviens – je suppose – présentent des chansons qui semblent être connues.
Pont neuf. L'arrêt des grands magasins. Tout de suite, je trouve Conforama et je découvre relativement vite des étagères presque moches, mais bon marché.
Le temps est en train de courir. Je traîne dans le magasin, salle de séjour, chambre, salle de bain, cela ne me dit rien.
A l'extérieur un peu de grêle tombe des nuages. Je me tape encore les transports se cachant sous le beau Paris. Pont neuf ouvre de nouvelles perspectives. Sur une affiche la RATP

annonce que certaines stations vont être transformées dans le style d'autres métropoles en l'honneur du 21^(ème) siècle.
Les Tuileries présenteraient le métro de Moscou. On y pourrait même boire du thé russe. La Russie. Infiniment loin. Dans la neige. Triste. Vivante.
Au moment où je ne voyais plus de chemin devant moi, je pris celui de l'ami du cheval. Il aime ce pays merveilleux.

Une fois, on était assis dans un appartement au passage du Génie dans l'obscurité face à une table en bois et je lui disais : « Un jour, on parlera russe tous les deux. » Il ne pouvait pas le croire. Et j'ai appris le russe longtemps avant lui. Et j'ai espéré que nos chemins se croisent dans cet espace infini.

A Châtelet les musiciens d'Amérique Latine ont été remplacés par des violonistes. Même la musique suit un planning strict.
Le quai de la ligne 4 porte beaucoup de corps humains. Je décide d'attendre le prochain métro pour avoir une place assise. Peu de gens agissent ainsi. Il y a toujours le danger d'arriver deux virgule trois minutes trop tard à sa destination.

Place assise direction Porte d'Orléans. Un passager en jeans portant des lunettes et un pain aux raisins qu'il mange d'une façon excessive, a probablement vingt quatre ans et quart. Dans le métro presque personne ne mange. Pas même les sans abris. Parfois je donne de la nourriture, mais je n'ai jamais vu quelqu'un la manger. Elle est sûrement consommée par des tiers. Mais malgré ma curiosité cela ne me concerne pas. La personne qui demande de l'aide a bien le droit de faire ce qu'elle veut avec les sous ou la nourriture donnés. Remarque d'une Assistante Juridique.
Le passager en jeans froisse le papier d'emballage de son pain aux raisins, le pose dans son sac à dos et joint ses mains dessus.
Certains lisent au rythme des mouvements du métro. D'autres se reposent les yeux fermés. Une femme noire se détend en écoutant la musique de son baladeur. Je crois que ses yeux paraissent tristes. Porte d'Orléans. Terminus. Quitter le tunnel. Aller dehors dans l'air pollué. Je ne sens ni bruit ni odeur.
Le bus 197 direction Massy Opéra attend déjà. Massy. Pendant un séjour au Ski avec la petite fleur d'eau, j'ai fait la connaissance d'un homme exceptionnel qui habitait à l'époque à Massy. Il était tellement adulte.

Marié. Plus que profondément triste. *Le skieur solitaire.* Il m'a mis un manteau irréel, invisible, bien chaud. C'était un homme qui savait tout ce qui comptait dans la vie. Il ne connaissait aucun nom de villes Allemandes. Il n'avait pas besoin de cette culture tellement admirée par la société.

La vie est souvent très étrange. Tu ne comprends pas ce qu'elle veut te dire. Tu te demandes pourquoi tu as rencontré telle ou telle personne. Tu te demandes quelle leçon tu es en train d'apprendre. Tu te demandes pourquoi elle t'a offert cette tristesse intérieure.

Et tu attends pendant des années le moment caché où tu commences à comprendre le passé. C'est un chemin à travers toutes les réalités. Un chemin raide. Un chemin avec beaucoup de ravins. Un chemin trouvable.

Le bus démarre. Champion. Atac. Vache Noire. Encore quelques pas et je serai à mon domicile, provisoire depuis trop longtemps. Le chauffage fait toujours grève. J'écris ce que je viens d'écrire. Nuit du samedi. Je me couvre sous les trois couvertures de couleurs différentes. Encore quelques chansons du Buena Vista Social Club. Doucement, je retrouve mon calme.

Solitude....

Un petit oiseau noir
bouge la nature morte
dehors, devant ma fenêtre
Deux arbres tremblent
Les feuilles d'hiver
s'accrochent
avec toute leur force
à un vie passée
Le vent silencieux
chuchote
raconte
mille et deux rêves
Les nuages
glissent doucement
vers toi
J'y colle quelques pensées
aux plus bas
Un message volant
de la quatrième réalité
Tu es mon
âme, mon reflet vif
Je suis ton
âme, ton reflet vif
On se rencontre
dans d'innombrables
réalités
Sauf
dans
la
première

La ville des sans-abris.

J'accompagne deux de mes lettres jusqu'au coin du sud de Paris. Je n'ai pas de projets, mais j'aime quand même me déplacer. Par conséquent, je monte dans le bus 38 qui se dirige vers le centre-ville.
Observatoire Port Royal. Dans ce gymnase, j'ai joué au hand il y a dix ans. Avec des étudiants du Bénin, du Laos, d'Allemagne, de France et de Belgique. Des amis particuliers depuis ce vieux temps.
A travers la fenêtre du bus, je vois un homme couché devant le centre de sport. Un des nombreux sans-abris. Il y a peu de gens qui peuvent unir toutes les réalités nostalgiques en un seul endroit, qui peuvent se retrouver en un lieu où tous les rêves tournent autour de soi comme une tornade merveilleuse et douce.
Dans la ville des sans-abris la rue, le tunnel du métro, la niche presque sans courant d'air de la première réalité posent un autre problème: la faim, le froid, la saleté, la douleur bloquent tellement ta pensée, tellement, que tu ne trouves plus la porte vers d'autres réalités ou bien au contraire tu y voyages complètement.

Et puis ils sont assis sur des escaliers avec un petit panneau en carton dans la main : « J'ai honte. J'ai faim. » Et puis ils sont assis au bord d'un couloir dans le métro en se lamentant, avec un enfant qui dort artificiellement dans leurs bras. Et puis ils sont assis avec leur chien dans la pluie en attendant que tu mettes quelques francs dans leur gobelet en plastique.

A l'entrée du centre commercial d'Arcueil les vigiles se débarrassent de ces gens en les renvoyant sous la pluie d'un samedi matin. Nous, les acheteurs qui apportons les sous, ne devons pas être dérangés dans notre plaisir de la consommation.

Parmi les gens qui demandent une pièce pour vivre, on trouve de plus en plus de femmes. Des femmes qui ne semblent pas être dans la misère. Soignées. Proprement habillées. Et malgré tout sans emploi, sans chaleur, sans assurances, sans amis, sans argent.

Notre Dame apparaît. Le moyen de transport extérieur sur pneus traverse en ce moment l'île embrassée par la Seine.

Châtelet. Je descends pour faire tout de suite demi-tour. Avec la ligne quatre du métro. Dans les profondeurs de Châtelet s'empilent les déchets. Je m'imagine que ce train vert pale entre dans la station en poussant une montagne énorme de déchets devant lui. La corporation des rats n'a pas encore – il paraît – attaqué la chaîne alimentaire de déchets infinis. Dommage.

Je transporte mon corps dans les caves voûtées, les tunnels, les couloirs. Une nuit de néon, loin du soleil. La femme aveugle qui passait ses journées dans un coin devant le panneau Porte d'Orléans depuis une dizaine d'années n'est plus là. Elle laisse une trace douce de pensées.

Au plus grand carrefour du labyrinthe souterrain quelques musiciens classiques se sont installés.

Des instruments sans mots sonnent dans tous les couloirs. Un quêteur ressemble au Mahatma Gandhi. Sur son front brillent de petites étoiles. Il paraît vivre dans une réalité lointaine de la première. Nos yeux se croisent en une fraction de seconde.

A Paris tu ne regardes pas les gens droit dans les yeux, car ton regard semble être une promesse. Ils veulent de l'argent ou de l'amour (comme dans le show allemand de Jürgen von der Lippe). Et pourtant, il n'y a rien de plus beau que plonger dans le visages des autres. Profondément. Un voyage de découverte. Chaque jour nouveau.

Rarement un visage te rencontre deux fois. Trop vite, trop grande est la

ville des sans-abris. Mais si tu vois un visage « connu », la personne te paraît être tellement proche.
Quelque part dans l'asphalte l'ami du cheval laisse des traces invisibles. Quelque part dans l'asphalte je laisse des traces visibles. Ma force de la quatrième réalité traverse le monde des pensées flottant au-dessus de la ville pour arriver chez lui...

Saint-Michel. Les musiciens à l'accordéon épargnent les voyageurs de ce wagon. En échange, un collectionneur de francs raconte en parlant d'une voix enrouée sa vie en cinq phrases. Il utilise le mot Sida. Je me demande une chose sans importance. Combien cet homme gagne-t-il ainsi chaque jour ?

Saint Placide. Un vendeur de calendrier 2000 monte. Avec succès. J'achète rarement quelque chose.
Des malentendants offrent dans le RER des porte-clés rigolos. Un lapin violet qui louche un peu me fait encore plaisir . Parfois, j'achète le journal des sans abris « L'itinérant ». Deux tiers de la recette de la vente sont destinés au vendeur. Souvent ils se placent à l'entrée du supermarché ou de La Poste. – J'ai oublié de poster mon courrier. – Je les estime bien, car

ils sont très discrets. On a l'impression que l'éditeur choisit uniquement ces personnalités.

Le métro se dirige comme tiré par une corde vers le sud de la ville. J'appuie ma tête contre la fenêtre. Elle suit – le front froid – les mouvements du wagons. Les commissures de ma bouche sont tristes. Pourtant je suis contente d'être ici. Ici, dans ces files artificielles. Ici, dans ces tuyaux à l'odeur étrange. Ici, entourée par des gens parlant français. Ici, que deux lignes de métro séparent de lui.

Porte d'Orléans. Terminus. Encore une fois. Les déchets ont disparu. Je suis déçue.

Le bus 197 attend déjà. Les bus s'épanouissent dans le calme. Personne ne demande quelque chose, de l'argent. Chaque voyageur doit montrer son titre de transport. Prendre le bus est un luxe. Et les sans-abris ne peuvent pas se le permettre.

Champion, Atac, on se balade dans l'obscurité d'un hiver qui s'annonce. La distance est trop petite pour voyager dans la pensée.

Vache Noire. Je descends, traverse la route nationale à huit voies et arrive à mon logement provisoire.

Les jours s'échappent de mes mains, le temps court et n'avance pas en même temps... dans la ville des sans-abris.

Message flottant d'une île aux trésors....

Arcueil, le 2 décembre 1999

Cher ami du cheval,
Dis-moi, dans quelle langue je dois t'écrire (Un jour on parlera russe tous les deux.). Dis-moi, sur quel niveau tu te trouves pour que je ne te cherche pas dans le mauvais. Dis moi, quelle réalité tu préfères. Dis-moi, si tu refuses la première.
Encore trois jours jusqu'au cinq décembre. Un anniversaire étrange. Wiesloch aura huit ans.
Pardonne-moi. Je ne voulais pas te blesser. Comme tu ne voulais pas me blesser. Jamais auparavant, je n'avais rencontré une âme qui me touchait si doucement. Tu me connaissais plus que moi je ne me connaissais.
Et puis, je t'appelais, de la station 03, de l'hôpital psychiatrique dans un état psychotique (Phase de la folie maniaco-dépressive, état d'âme gaie pas naturelle, désinhibition et pulsions sexuelles anormales. Duden : Das Fremdwörterbuch, 1982 s. 470). Je te torturais avec ma maladie. Et pourtant tu as toujours décroché le téléphone.
Je voudrais t'écrire que je vais bien maintenant. Je vais bien.

Je voudrais t'écrire que j'aime être ici. J'aime être ici.
Je voudrais t'écrire que je suis contente – personne n'est heureux. Je suis presque contente.
La nuit se pose sur la ville. Ma fenêtre permet un regard lointain. Des lumières brillent. Les gens se cachent derrière des murs. La lune joue avec les nuages rose-gris. Paris illumine tellement les alentours que le ciel ne paraît jamais complètement noir. Elle éclaire l'espace.
Comment vas-tu ? Qui va à ton côté ? A l'époque quand tu choisissais la mauvaise femme, j'étais déçue. Et rassurée en même temps. Je savais que cette relation n'en deviendrait pas une vraie.
Je te connaissais comme tu me connaissais. Mais nous, on ne se connaissait pas.
Tu sais, la différence entre nous est simple. Tu es un homme. Moi, j'ai appris à être une femme. Tu plonges dans tes sentiments. Je m'enfuis dans les bras de la raison.
La petite fleur d'eau m'a prêté quelques CD. J'écoute celui de ce jour-là... Ce matin on avait tellement de temps pour découvrir qui était l'autre. La musique ne fait pas mal. C'est un bon signe.
J'ai appelé ta sœur. Tu te souviens quand on s'est rencontré chez elle ?

Ce ne sera plus jamais comme à cette période là quand tout était compliqué et léger en même temps. On jouait à Trivial Pursuit, regardait « Airplane » - une parodie comique sur les films catastrophes et kitsch – gâchait la soirée au Bataclan et était peu capable de s'approcher l'un de l'autre. Mes mains tremblaient. Et les tiennes ?

Tu sais, ce que j'ai appris durant ces huit ans ? Prendre les choses avec plus de facilité. Décoder les labyrinthes. Laisser reposer Les questions sans réponses. Mon sourire m'accompagne toujours. Je ne l'ai pas perdu en faisant des aller-retours dans les couloirs. J'ai envie de le partager avec toi. Un jour. Quelque part. Je pense à toi. Monica

Il était une fois.

Il était une fois une petite fille blonde-dorée, aux cheveux courts, de quatre ans, cabocharde qui détestait la maternelle. Mais les filles blondes-dorées, aux cheveux courts, de quatre ans, cabochardes et petites doivent obéir. Puis les filles aux cheveux courts, de quatre ans, cabochardes, petites, blondes-dorées s'accrochent aux rares possibilités de self-défense infantile. Le silence. Et elle passait la maternelle en silence. Et effectivement, ces gardiennes d'enfants diplômées d'incapacité le remarquaient. La fille de quatre ans, cabocharde, petite, blonde-dorée, aux cheveux courts a été envoyée chez une thérapeute qui devait constater sa déchéance mentale.

Pour la première fois de sa vie Winnetou – elle s'appelait ainsi quand elle jouait dehors dans l'Hesse du Nord indiens et cowboy – rencontra une voix douce. Une voix tendre, prudente.

Dans le village natal de Winnetou vivaient uniquement des voix fortes qui criaient. Des voix qui essayaient de couvrir le bruit de la vie quotidienne.

Partout régnait le bruit. C'est peut-être pour cela que Winnetou ne supporte pas non plus le silence absolu. Et en même temps elle a la nostalgie d'une voix douce, tendre, prudente.

Les oreilles sont de pauvres organes accrochés sur les côtés de la tête qui ne peuvent pas se défendre, se fermer de toutes leurs forces contre les influences extérieures. Le bruit les attaque à une vitesse incroyable. Les mains essayent de les protéger. La musique dans les oreilles les distrait. Pas plus.

Un jour, ne survivra que celui qui aura développé un mécanisme pour fermer automatiquement ses organes auditifs.

Winnetou se voyait entourée par des guerriers masculins. *L'égoïste sympathique* au caractère importun et *le petit aux taches de rousseur* étaient toujours à côté d'elle et empêchaient *celui aux yeux marrons brillants* de lui tenir compagnie. Souvent il restait debout dans un coin de la pièce avec un regard à part. La petite fille, blonde-dorée, aux cheveux courts, de quatre ans, cabocharde sentait sa douleur et se demandait ce que les adultes lui avaient fait. Elle ne lui posait pas de questions. Chaque mot coûtait trop d'effort.
Mais elle lui demandait son nom de famille, car elle savait qu'elle ne le retrouverait plus dans le labyrinthe de la vie.
Pourtant, des années plus tard – alors que Winnetou était mort, Old Shatterhand disparu et le toupet de Sam Hawkins perdu – elle le voyait presque tous les jours dans les transports et lui parlait de la maternelle en peu de mots, elle torturait son âme.
Depuis longtemps, elle sentait qu'elle voulait quitter le village natal aux

voix fortes et aucun sentiment ne pouvait l'en empêcher.
Et puis, elle suivait le chemin de la raison, comme d'habitude, et cherchait ce bonheur irréel qu'on ne trouve jamais.
Elle essayait de se protéger contre les égoïstes sympathiques qui assombrissent le soleil et barrent le regard vers les yeux brillants.
Mais quand le bonheur illuminé, l'heureuseté, passait par tous ses sens, elle n'arrivait pas à le toucher. Impossible. Inimaginable.
L'ami du cheval franchissait tous les murs de son parcours intérieur à elle. Et malgré tout, il perdait. Elle perdait. Il ne savait rien de sa victoire et elle ne savait pas dans quelle réalité il avait fait du cheval. Elle ne supportait jamais ce résultat. Elle ne l'acceptait pas. Tellement, elle croyait en sa connaissance de l'âme humaine, en sa capacité de bien interpréter les petits détails. Jamais elle n'abandonnera. Jamais. Et elle rêvait de chevaux blancs, de chevaux blancs sauvages, mais sans plage, elle se trouvait dans les étoiles, voyait le visage d'une voyante. (Une Chanson de Georg Danzer : Und ich träumte von weißen Pferden, wilden weißen Pferden an einem Strand...).

Il était une fois une fille, blonde-dorée, aux cheveux courts, de quatre ans, cabocharde, petite qui devenait une femme blonde, aux cheveux longs, pas de quatre ans, cabocharde, de taille moyenne.

Lily Marleen d'Athènes.

Il me fallait du temps après ma première entrée en scène maniaque. Avant je ressentais l'envie et le besoin de commencer une thérapie. J'étais prête à me confronter à toutes les réalités.
Ma psychiatre portant un prénom russe, me fit parvenir deux adresses de thérapeutes qui étaient médecins. Ainsi la Sécurité Sociale ne causerait pas de problème en ce qui concerne le paiement des séances.
La première dame allait très vite. Il ne fallait pas poser de questions, car elle l'interprétait comme mon « problème ». J'avais – d'après elle – des difficultés à parler pendant 45 minutes et à accepter le silence absolu du thérapeute.
La deuxième dame me molestait avec des questions importunes. Elle fouillait dans ma vie privée. Je me sentais humiliée. Dans la rue, pas devant elle, j'étais en larmes. Des femmes

qui traitent des femmes indignement. Il y en a trop.

Finalement, je décidais de chercher moi-même une thérapeute et j'arrivais aux alentours d'Athènes.

Une agréable chambre de lumières. La chambre aux fleurs du miroir. Une femme qui m'écoutait attentivement.

Je parlais de mon arrière-grand-père. Ce qu'on faisait dans sa chambre qui était salle de séjour, salle à manger et chambre à coucher en même temps et qui sentait la fumée de cigares. On chassait les mouches, on jouait aux cartes, on démontait des jeux de construction. Je racontais que je courais autour de sa table, habillée de son chapeau et de son écharpe verte. Je racontais que je sautais le matin sur son lit pour qu'il se réveille finalement.

Après avoir donné la main du premier au-revoir à Lily Marleen, après avoir quitté sa maison, après être arrivée dans la rue de Handschuhsheim, je commençais à chanter en français. Je savais avoir rencontré une psychologue impressionnante.

Il y avait des jours durant lesquels on jouait avec des pierres grecques. Des souvenirs légers et lourds de son pays natal. Des pierres grandes, petites, rondes, carrées, longues, courtes, multi et unicolore. Elles sont très avisées, ces pierres.

Une fois je construisis un pont. La pierre minuscule essayant de le traverser, c'était moi. Tout paraissait branlant, mais je réussis à faire mon chemin. Un chemin dur. Quand j'eus franchi les deux tiers du pont, je ressentis de la peine. Je ne pouvais plus faire demi-tour. Avancer sur ce pont me coûtait tellement de forces. Pourtant il y avait d'autres moyens pour traverser ce fleuve imaginaire. Voler ?
Elle me regardait avec un doute dans ses yeux. Les thérapeutes ne te donnent pas de conseils directs. Ils attendent et t'aident en même temps pour que tu puisses comprendre toi-même tes problèmes et les surmonter.
Elle me comprenait, car elle aussi avait traversé des ponts en partant pour un pays qui avait une autre culture, une autre langue. L'Allemagne.
Voler dans les bras de la manie n'est pas une solution. Mais il existe des bateaux à vapeur, des jonques, des radeaux, des péniches, des canoës, des bateaux, des remorqueurs... Il faut prendre le bon moyen de transport en respectant la barrière qui se montre. Si tu choisis le mauvais, tu dérives facilement vers la troisième réalité.

Et puis, j'avais traversé le pont du Rhin. Peut-être que cela lui avait

fait plaisir. Je lui avais confié tout ce qui était important dans ma vie.
Il était rare que je quitte sa maison située à côté d'un enclos avec un sentiment négatif. Presque toujours je me sentais à l'aise, avant, pendant et après nos conversations, et un peu plus légère au sens propre.
Elle me manque. Sur sa tombe on voit des pierres grecques.

Cadeau de départ

Ils les pêchent dans les étendues de la mer salée. Ils les laissent vivre en les torturant. Ils les posent des heures sur des morceaux de glace. Ils les jettent sans réfléchir dans l'eau bouillante.
Son homonyme se venge. Comme un cancer pousse le silence. En silence le cancer pousse. Le cancer de nos âmes. Le cancer de nos veines. Autodestruction. Il se propage pour mourir avec celui qui lui donne la vie. Suicide cruel.
La mort avait pris la *femme illuminée avec son écriture pleine d'entrain* dans ses bras. Ils formaient un cercle carré, un cercle qui ne peut pas être rond et harmonieux.
Mort, je te déteste, car tu avales toutes les réponses à mes questions. Mort, je te déteste, car tu fermes tes

oreilles quand je souhaite partager la joie et la tristesse avec un être disparu. Mort, j'espère que tu ne seras pas le début d'une nouvelle vie douloureuse.

Amis proches, famille, copains. On se retrouve tous dans un endroit qu'on appelle en Allemagne « Hall de tristesse ». Des couronnes, des fleurs, un cercueil. Dans ma pensée, j'attaque les plantes mortes avec un couteau. Je crie. Je renverse les sièges. Je me demande si jamais personne ne perd son self-control pendant un enterrement chrétien. Ou bien, suis-je la seule qui réunit la haine et la tristesse en même temps ?
Le pasteur reste fidèle à dieu. Il connaissait bien la femme illuminée avec son écriture pleine d'entrain. C'était difficile de ne pas l'aimer. Et pourtant, il y eut une période – quinze ans passés – où je ne supportais pas son rire.
Le bruit court que les esprits psychotiques de la troisième réalité volent la nourriture du cancer, car à la place d'un silence miné, des mots et des gestes sortent. Peut-être est-il possible d'améliorer la qualité de vie du moi de façon décisive. Mais il est à peine possible de jouer sur la durée d'une vie, de la prolonger.

Heureusement, la voyante n'a rien dit là-dessus.
La quatrième réalité pourrait nous révéler ces choses, mais nous ne sommes pas encore prêts à supporter ces vérités.
Une fois, une fille à l'école a regardé la ligne de vie gravée dans ma main en disant que je ne passerais pas l'âge de 54 ans. Dès lors je décidai de commencer une « nouvelle » vie pour échapper à cette mort prématurée.
Probablement, il serait préférable d'ouvrir une auberge de jeunesse dès demain. Il ne me manque que deux ou trois grammes de courage...

La nuit tombante essaie encore d'obscurcir le cœur de l'île française. Sur la gauche se trouve une photo de la femme illuminée avec son écriture pleine d'entrain. L'Italie cet été. Elle paraît être en bonne santé. Au-dessous ma dernière lettre que sa sœur m'avait rendu... Je vais la laisser fermée. Pour toujours. Une image de moi, coupée en trois parts est cachée à l'intérieur. Et quelques mots en vers : « Emmène une partie de moi au voyage... »
En novembre il y avait son anniversaire, mais elle n'ouvrait plus son courrier. Maintenant, elles sont là, les enveloppes fermées pour

toujours. Des pensées – apparemment – jamais arrivées.

Un souffle de culpabilité m'accompagne. Venir à l'enterrement, c'est venir trop tard. Trop tard pour lui dire au revoir réellement.

Son frère n'a pas perdu son sang-froid en public. La douleur lui avait transpercé le corps de toute part. La souriante imperturbable disait que c'était bien de pleurer. Mais pourquoi devant tout le monde ? J'ai pensé un moment à elle quand dans la « salle de tristesse » les gens ont entamé des chants religieux. Des flocons de sel poussèrent alors dans mes yeux. La musique me touche énormément.

Dehors sur le sol humide, on suivait la tombe flottant sur les épaules des hommes habillés en noir. Des voix de trombones résonnaient. Fausses notes. Des sons tristes. Encore quelques mots du pasteur. Branche de sapin après branche de sapin. Fleur après fleur. Les autres jetaient doucement les plantes d'adieu. Je mis une rose blanche décorée en vert sur son corps protégé par le bois doux.

Tu as quitté la première réalité. Console-nous dans toutes les autres.

Dans la vallée de la tristesse.

Le ciel brille dans vingt-quatre nuances de bleu. Cinq nuages de coton se baladent avec le vent silencieux. Sept pins se montrent sans arrêt dans un vert profond. Un soleil cherche son miroir dans le visage d'une rivière moussante et clapotante. Dans la vallée de la tristesse.

Se sentir noir et gris, trouver la vie de la nature insupportable, faire mourir une partie de nous – cela n'a pas de place dans notre société.
Il existe un projet de loi. Pour pouvoir entrer dans la vallée de la tristesse, il faudra prochainement demander un visa. Il y aura des barrières, il y aura des contrôles, des passeports. Et on fouillera dans nos bagages, reflets de la charge qui pèse sur nos âmes.
Une file d'attente énorme se développe. Le temps c'est de l'argent. En attendant, on se jette dans la vie capitaliste, axée sur le rendement.
Puis on court pour obtenir un bout de « l'heureuseté » scintillante. Champ de foire. Cinéma. Théâtre. Consommation. On montre notre envie infinie de vivre.
Mais notre passeport est bien caché. Personne ne doit découvrir que nous désirons la vallée de la tristesse.

Seuls ceux qui la traversent savent y laisser les grands bagages lourds de l'âme. La vallée de la tristesse se nourrit de la tristesse, la consomme avec joie.
Puis un jour ce chemin triste t'emmène vers une liberté supportable. Quelques flocons de sel restent, mais au moins tu peux affronter le futur sans être totalement brisée.
Il y a onze jours ma tante, la femme illuminée avec son écriture pleine d'entrain, partait en voyage vers l'inconnu, l'incertitude.
Beaucoup d'années passent. Beaucoup de choses en commun. Beaucoup de choses qui séparent. Beaucoup de joie. Beaucoup de douleur. Puis un jour – ainsi va le monde – la mort te donne sa main. Tu t'en vas. Avec ou sans adieu.
Mon arrière-grand-père qui a fumé toute sa vie des cigares nous a quitté à l'âge de quatre-vingt-dix-huit hivers. Mon grand-père -jouant toujours avec l'ironie du quotidien- disparut d'une seconde à l'autre un samedi soir devant la télévision. Une embolie. Mon grand-père maternel, un vitrier qui avait abandonné ses instruments de musique pour toujours, souffrait de la maladie de Parkinson avant de tomber mortellement sur le trottoir du village. La Leucémie touchait celui qui avait du mal à se

décider. C'est irrévocable. Dans un coin quelque part la dame avec sa faux noire guette. Invincible. Inévitablement.

Tu es partie. Un silence cruel résonne dans la maison. Un vide infini. En même temps plein de souvenirs. C'était ta chaise préférée sur laquelle tu t'étais assise si souvent. Là-bas on prenait le petit déjeuner ensemble. Dans cette pièce tu dessinais des peintures à l'huile. Ici on entendait ta voix douce.

Ce n'est pas vrai que le temps guérit toutes les blessures. Le temps n'aide qu'à supporter la douleur. Rien de plus.

L'homme qui n'est jamais revenu du front, a laissé cinquante- huit ans de plaies ouvertes. Quand je me suis retrouvée à Wiesloch pour la première fois, je promis à ma grand-mère d'aller à Stalingrad pour le libérer. Libérer son âme prisonnière.

Plus tard, j'appris qu'il était mort près de Kiev. Mon prochain voyage sera destiné au nord de l'Ukraine. J'imagine l'ami du cheval m'accompagnant à cet endroit apparemment peu important, Nescheroff. Toute une vie avait été changée, non plusieurs vies – complètement. Et on parlera russe. Tous les deux. Comme je l'avais prévu. Le bleu du ciel se cache de plus en plus derrière les nuages de larmes devenant gris. Le vent les pousse, les traîne devant lui. Les pins restent immobiles. Le soleil quitte le filet d'eau. Dans la vallée de la tristesse.

Sculpture de la pierre douce.
(trouvée au marché de Noël de la station RER Auber)

Sans visage
la tête enterrée
dans la pliure de ton bras gauche
De pierre
lourde
dure
cicatrices des plaies profondes
mais doux
pour les sens de ma main
froid
intouchable
de loin
tendrement touchée
chauffée par le sang frappant dans mes veines
immobile
irrévocable

seul

tu sens
comme une partie
de moi

Le monde des forces mentales....

Temps d'avent. Temps de Noël. Temps de famille. Temps triste. Lointain, invisible et pourtant proche est la femme illuminée avec son écriture pleine d'entrain. Elle m'accompagne dans mes voyages de la pensée.
Mon train vers l'Europe du centre flotte sur les rails, passe dans un tunnel. Le tunnel du temps. Arrêter le temps, descendre du destin, se reposer dans un long présent. Laisser démontée la petite pile de la montre énervante, appliquer la théorie relative d'Einstein. Pouvoir avancer et faire un pas en arrière. Obtenir une deuxième chance en marchant au passé.
L'avenir vient tout seul, car chaque cellule de ton corps se dirige vers lui. Seconde par seconde. Comme si la fin était la chose la plus importante de la vie.
Le train glisse sur les rails en coupant les champs couverts de givre. Entre Paris et Metz. Derrière les collines apparaît le soleil du matin. Des astres jouent ensemble. Depuis des milliards d'années. De notre point de vue limité, la terre minuscule a déjà traversé beaucoup de phases.
L'équilibre biologique n'existe que dans notre imagination. Un équilibre

que l'on cherche pour nous sauver nous-mêmes.

Mais le cours des choses a peut-être déjà décidé de mener la terre vers une nouvelle réalité.

Entourés de rayons radioactifs, naissent de nouvelles plantes, de nouveaux citoyens de la terre. De drôles de structures cellulaires flottent, sautent dans l'atmosphère mortel pour les hommes et se nourrissent du CO_2. De nouvelles créations chimiques colonisent les bâtiments abandonnés d'une grande ville autrefois peuplée d'hommes. Sous une colonie de blocs de glace de l'antarctique une espèce de poisson a su survivre en développant des branchies particulières.

On apprend à percevoir de plus en plus de réalités. On apprend à mobiliser le monde des forces de pensées. On apprend à prendre le bon chemin, à choisir le bon moyen de transport.

Le train dans lequel je me trouve, a toujours un départ et un terminus. Il n'abandonne pas jusqu'au moment où il sera inhumé au cimetière des trains. Pour toujours.

La neige d'avant hier.

Metz brille sous un foulard blanc. Un hiver qui arrive rarement jusqu'à

Paris. L'année dernière *celle qui accueille chaleureusement* et moi profitions d'une soirée de tempête de neige au Sacré Cœur.
Dans le funiculaire des personnes ne se connaissant pas discutaient. Un vieux balayeur chantonnait.
La première neige rend les gens heureux. La première neige réveille l'enfant en nous.
Quand j'étais petite, des étoiles de neige enveloppaient souvent notre village hessois de blanc.
Construire des bonshommes de neige et des bonnes femmes de neige. Des batailles de boules-de-neige. Foncer dans les champs avec une luge accrochée au tracteur.
Je me sentais mieux en hiver, car nous restions à l'intérieur du bâtiment de la maternelle.
Aller au dehors voulait dire être frappée par les autres enfants. Parfois je me jetais même par terre quand arrivaient ceux qui étaient beaucoup plus faibles que moi.
Je pensais toujours : « Celui qui se défend, rend les choses encore pire. »
Lily Marleen interprétait ce fait comme une force; à son avis ce message venait de la quatrième réalité.
Tout le monde autour de moi, surtout les surveillantes sans enfants, voulait que je frappe les autres. Mais

je prenais mon propre chemin par peur et par entêtement.

Saint-Avold disparaît presque sous la neige. Il reste à peu près deux heures jusqu'à Mannheim.
Je suis atteinte d'une toux légère. Avoir un rhume est un bon signe, dit-on dans la troisième réalité. La protection psychique contre les maladies de la vie quotidienne disparaît dès que l'on quitte le monde maniaque.

Forbach. Bientôt la signalisation de la gare changera. Bientôt les contrôleurs et contrôleuses porteront d'autres uniformes. Bientôt je plongerai dans le monde de la langue allemande. Je serai comme tout le monde. Personne ne me considérera comme quelqu'un de particulier. Sauf quand je traverserai la rue au feu rouge, ils remarqueront que je suis une étrangère. Une étrangère dans mon propre pays.

Saarbrücken. Homburg Saar. Kaiserslautern. Le fond du ciel est nuageux, bleu. Des paysages d'arbres enneigés. Des champs blancs et infinis.

Mannheim. 14.11 h. Le rire de l'âme jumelle télépathique m'accueille. On

passe un moment sur le marché de Noël. Un froid incroyable. Une vendeuse nous confie comment elle se protège contre le froid. Dans tous les détails,ou presque.
Nous fouillons dans les magasins pour arriver finalement dans un restaurant végétarien près de la gare, un vrai plaisir du palais. Là-bas, ils pèsent ton assiette pour savoir le prix de ton plat. Une homme a pris deux pommes de terre. La misère (publicité pour une organisation s'occupant d'enfants : Pour uniquement 50 Deutschmark par mois un enfant dans le monde nommé « tiers » reçoit nourriture, logement et formation. Pensez y et agissez !) fait partie de la vie quotidienne. A Paris. Dans d'autres villes. Dans beaucoup de pays.

Comprendre ne rend pas malade.

La neige m'accompagnait jusqu'à Ober Eschbach, et même plus loin. La U-Bahn, le métro de Francfort, m'emmenait de la station « Hauptwache » jusqu'à notre village. Le sac à dos, rempli de cadeaux, pesait sur mes épaules. Un virus grippal que je ne voulais pas emporter. Aucune idée si j'avais su me défendre contre lui en état maniaque.

Depuis des années la fièvre et le virus étaient des êtres inconnus de mon corps, mais contre leur complot et la peur d'un nouveau poste de travail j'étais complètement désarmée.
Puis je passai Noël et le fameux changement de millénaire tremblante sous trois couvertures – sans la chute totale des systèmes informatiques prévue – devant la télé allemande.
En principe, je ne voulais pas encore, comme souvent, découvrir le nouvel an en dormant. Mais les choses se passent différemment de ce que l'on croit.
Malheureusement ou bien heureusement – on ne le sait pas – cela touche également des moments importants. Tu imagines le déroulement entier d'une situation. Tu veux t'y préparer parfaitement. Tes pensées se promènent dans des milliers d'univers minuscules. Puis il y aura un détail de la première réalité, un détail inattendu. Et ce détail change le monde que tu as créé dans tes pensées. De façon vitale.
L'ami du cheval nous invita à un spectacle. A chaque fois, la petite fleur d'eau était au téléphone. Jamais je n'entendais sa voix au bout du fil. C'était un lundi. Mon corps se sentait lourd. Je montais le boulevard Diderot. Le chez moi de Paris en mille neuf cent quatre-vingt-dix. A l'horizon brillait le soleil du soir,

énorme, rouge sur mon être intérieur qui souffrait d'un pressentiment de douleur.

La petite fleur d'eau et moi arrivions devant le théâtre de tristesse.

L'ami du cheval se trouvait sur un bloc de pierre, en hauteur pour pouvoir regarder au-dessus des têtes attendant à l'entrée... avec impatience et espoir. Nous portions tous deux des vestes en daim. La sienne était marron clair, la mienne vert foncé. Sa sœur et son conjoint étaient venus avec lui.

L'ami du cheval n'avait pris que trois billets, car il ne savait pas si l'on viendrait vraiment. Il dut en acheter encore deux, mais ceux-ci étaient pour une autre entrée.

« Pourquoi pour une autre entrée ? » demandait son futur beau-frère sans méfiance, faisant l'innocent.

L'ami du cheval donna son billet à la petite fleur d'eau. Sans raison, j'étais complètement perturbée. Quelqu'un devait aller avec lui. Bien sur, la personne sans billet. Mais son regard me fuyait quand je cherchais désespérément ses yeux. N'était- ce qu'un détail ? Je pris le billet de la petite fleur d'eau, son billet. L'ami du cheval et elle s'en allèrent.

Nous fûmes séparés presque toute la soirée. Ils venaient de notre côté seulement pendant les entractes. Nous étions touchés par les mêmes détails du spectacle. J'étais paralysée. Incapable de me lever et traverser la salle. La petite distance me paraissait infinie.

Juste après être rentrée avec la petite fleur d'eau dans « notre » appartement du 12ème, je vomis. Pour la première fois, la douleur mentale s'exprimait physiquement comme un cri.

Le jour d'après. Je pleurais pour faire sortir cette horreur intérieure. Je pleurais. Et pleurais. Et pleurais. Philippe, du grec ami du cheval, et moi ne faisions pas partie des gens qui disent simplement leurs noms et prénoms avant de proposer un verre de cidre le soir même à Montparnasse.

Au bout du fil un homme qui ne veut pas dire son nom. J'insiste. Alain. Il me parle comme dans un rêve, mais je ne reconnais pas sa voix. Mais Alain ne m'intéresse pas. Je suis dure. Raccroche. Ne décroche plus. C'était lui.

Et moi. Je lui envoie des lettres embrouillées. En anglais. Car ce que je souhaite dire est impossible à exprimer. Je suis muette comme autrefois à la maternelle. Un sentiment qui va dans tous les sens. Le sentiment d'être quelqu'un de particulier pour lui et pourtant de ne pas l'intéresser.

Je pense que si je l'avais connu mieux, la maladie aurait eu du mal à m'attraper. Connaître veut dire comprendre et comprendre ne rend pas malade.

Danse avec mon loup....

Je disais mon nom de famille au téléphone. Et sa voix apparaissait – une voix qui caresse doucement les âmes de l'Athènes. Sa première pensée toucha la cible au centre : « Comme le loup... » – « Oui », répondis-je, « mais avec un a » (lupus, lat. le loup).
Quand j'étais enfant, dans mes rêves, le loup me poursuivait dans la forêt. Je courais, j'essayais de crier, mais aucun son ne sortait de ma gorge. Quelle peur je ressentais.
Mais jamais il n'avait pu m'attraper. Jamais.
Ta vie, ta jeune vie, a beaucoup plus de savoir que tu ne le crois. Tu es mis au monde par les mains d'un vieil homme ayant vécu tant de réalités. Puis ta peau devient lisse avec l'oubli et il paraît que tu recommences une nouvelle vie sans passé.
Mon nom est comme un ordre : loup solitaire. Seulement ce « a » dit le contraire. « A » comme arrêter. Il

faut que j'apprenne à m'arrêter. Je cours vite, vite. De peur. Mais personne ne le remarque, car j'ai l'air lent comme un escargot. C'est la solitude dans le loup.
Non, il s'agit plutôt de la dépression. Un jour cela reviendra. On ne sait pas.
Je traîne quelque part. Je vis ici. Je vis là-bas. Je fais ceci. Je fais cela. Et si quelqu'un souhaite danser avec moi, je réponds non. Non. Non. Je ne sais pas danser.
De la musique. Pink Floyd. Wish you were here. L'ami du cheval me regarde. Juste un regard. Oui. Oui. Oui. Oui. Je sais danser. A ma façon. J'étais la danseuse des stations 03 et 04. Même si les chansons avaient l'air triste parfois...
Pourquoi j'évoque le passé ? Pourquoi je ne secoue pas cette estrade sur laquelle l'ami du cheval passe ses années ?
C'est la méfiance. Il me faut beaucoup de temps pour trouver la confiance. Chaque détail, chaque vibration me touche. Puis je plonge dans des signes extérieurs. Ta démarche douce. Ta voix. Ton nez. La couleur de tes yeux je ne la remarque qu'à la fin. Tout doit être juste quand je rencontre quelqu'un. Tout. Pourquoi donc ? Pourquoi ?

Il est lourd comme le plomb, ce nouveau départ. Je suis paresseuse. Pourtant extérieurement, je n'ai pas encore vécu beaucoup. Je cherche, je marche, je flotte dans d'autres réalités, sinon je n'aurais pas supporté la première et sans cet entêtement de mon caractère je serais tombée dans le coma mental.

Même aujourd'hui, je pends aux cordes. Même aujourd'hui, je saute effrayée du pont de Karlstor dans les flots de l'écluse. Même aujourd'hui, je prends tous les médicaments en même temps.

Mais mon intérieur ne crie plus pour la paix, car je me sens trop bien pour avoir régulièrement des pensée de mort. Il ne faut pas se torturer. Ta vie te montre ton chemin personnel. Dans la quatrième réalité tu décodes cette forêt de panneaux compliqués. Tu iras un jour. Tôt, tard, parfois très tard.

Comment est-il ce chemin vers soi ? Serpenté, tombant, grimpant, montant, vert, gris, horrible... ? Peut-être n'y aura-t-il pas de demain. Ou bien il y aura des milliers de demains. Je ne sais pas ce que je dois espérer. Si. Continuer. Sentir la terre sous mes pattes. Plonger dans des paysages blancs d'hiver. Respirer profondément. Hurler à la lune. Se reposer sous les pins. Admirer le toit des étoiles. Sans faim. Sans soif. En bonne santé.

Avec un regard clair au lointain. Sans oublier le présent.
Rencontrer celui qui danse avec moi, le loup... l'encore invisible ami du loup (horoscope chinois : je suis un cheval de feu).

Laupus, MRI Paris, Bonjour.
Au moment où le responsable, le conseiller d'entreprise, m'eut expliqué en quoi consistait le travail, je commençais à avoir une vague idée de ce qui m'attendait. Marketing téléphonique.
Je faisais comme si la tâche ne présentait aucune difficulté pour moi. Téléphoner, parler aux chefs d'entreprises et les convaincre de solliciter nos conseils. Cela me demandait beaucoup d'effort.
Le milieu par contre était agréable. Des personnes de toute l'Europe. Même le fait que mon collègue se prénommait comme l'ami du cheval ne me gênait pas. Au contraire, c'était beau de prononcer ce nom.
Hier, à la fin de la période d'essai, on m'a virée. Je n'avais pas pris assez de rendez-vous.
Mon chef de janvier recommençait à me vouvoyer. Quelque part cela me faisait du mal. Je ne faisais plus partie de son équipe et il me disait « Madame

Laupus », comme en décembre quand je n'étais pas encore embauchée.
Il disait que je n'étais pas faite pour ce travail. C'est vrai. Je préfère écrire des histoires. Ou bien travailler comme ergothérapeute.
Encore une formation après 33 hivers ? Je vais me renseigner à Paris. Il y aura sûrement une solution. Parfois elle se cache. Mais il est possible de la trouver, de la découvrir.
Pendant mon séjour à Wiesloch, les patients me prenaient souvent pour une infirmière. Je m'occupais beaucoup des autres âmes enfermées dans l'hôpital. Pourtant, je ne pourrais pas exercer un métier médical. Déjà les prises de sang mensuelles – à cause des médicaments Leponex et Quilonum – étaient un héritage gênant de la maladie.
Ma psychiatre au prénom russe, disait qu'on pourrait arrêter le traitement dans une phase stable sans stress.
Une telle phase se trouve dans un futur lointain, voire inaccessible. C'est à dire, aucune vie dans mon ventre ou bien un être pas encore né qui grandira dans la psychiatrie.
Et moi ? Comment mon corps se sentira dans plusieurs années ? Touché par tous ces éléments pharmaceutiques. Mort il faudra le mettre sur une

décharge spéciale pour ne pas contaminer la terre.
Quilonum retard, du Lithium, avait provoqué un grossissement de la thyroïde. A cause de cela, j'étais obligée de prendre en plus un médicament hormonal, le L-Thyroxin Henning 100. C'était dur, car autrefois j'évitais tous les médicaments.
Je me suis battue avec la douleur. Maux de tête. Douleurs de règles. Tu sens comme elle se développe, les moments où elle fait une petite pause.
Maintenant, je suis enrichie en médicaments de la tête aux pieds. Maintenant, j'accepte dans certains cas un comprimé contre la douleur au lieu de me réveiller la nuit en vomissant.

Il est vingt heures et quelques minutes. Je peux encore organiser mes journées. C'est moi qui décide, pas le monde du travail. Malgré tout, j'étais surprise par le fait d'avoir pu m'adapter à ce rythme de vie. La fatigue liée aux médicaments ne m'empêchait pas de me lever tôt le matin et de tenir la journée sans un besoin excessif de sommeil.
Mais au bout de trois semaines, l'excès de fatigue se fit ressentir. Si le travail avait été intéressant et satisfaisant, j'aurais sûrement pu

mobiliser d'autres forces. C'était un test pour connaître mes capacités de travail.
Demain, je ne me réveillerai plus à sept heures quinze pour passer la matinée à dire « Laupus, MRI Paris, Bonjour ». Je vais tourner vers les nouveaux buts que m'offrent la vie.

Un jour parfait..

On vient de rentrer d'Irkutsk. On avait passé quelques mois au lac Baikal pour se faire des nouveaux amis, pour y passer une vie tranquille et stressante à la fois. Courir derrière du sucre. Se lever tôt pour obtenir encore un bout de pain. Faire une balade sur le lac paisible avec un petit bateau. Une zone sans téléphone. Pas de portable, pas d'Internet, pas de messages E-mail. C'était si beau, comme dans les rêves. Mais Hexagone, la France, tu me manques. Les minutes passent à une vitesse incroyable. Six heures onze, un samedi en Bretagne.
Puis je suis assise dans la matinée auprès des falaises bretonnes. Une tempête se lève. La mer mousse de fureur, écume de rage. Pardonne moi. Je ne t'avais pas vraiment quittée. Dans la deuxième réalité ton bruit sourd, vivant m'accompagne.

Mer. Je viens te voir pour me laisser emporter par tes vagues. Dans le lointain. Dans ta profondeur.

Je cherche des gouttes de pensées pour pouvoir écrire. Cette fois il ne s'agit pas d'une bonne intention, d'envie de présenter aux gens des choses inconnues et intéressantes. Cette histoire doit restaurer notre vieille maison de pierres. La prochaine doit réparer notre coccinelle blanche, jeune de vingt-quatre ans. Une autre histoire doit apporter des vêtements, des chaussures, des livres. Ce ne sont pas des raisons nobles, je sais, mais en ce moment, il n'y a pas d'autres solutions.

Mer. Aide moi. Raconte-moi des histoires du passé, du présent, du futur et de tous les autres espaces-temps.

Je suis assise à tes côtés, respire l'air légèrement salé, regarde au lointain.

La pluie s'approche. Des larmes de nuages d'eau se baladent sur ma peau. Quelques gouttes se posent sur les verres de mes lunettes. Mes cheveux couleur désert – autrefois roux, la seule chose que j'aimais de mon corps – absorbent l'humidité comme un champs de blé assoiffé.

Lentement, je lève mon corps encore fatigué. Je l'emporte vers notre petit

village de quatre maisons. Les voisins – tous les trois – sont de mauvais humeur.
Trempée de pluie, j'ouvre la porte d'entrée. Quatre petits loups en pyjamas. Tous les quatre sont ce matin de très mauvaise humeur. Des larmes. Des cris. Du silence. Violence infantile. Zukli – aux yeux bleus comme tous les husky – fait le fou avec eux dans la chambre.
L'ami du loup exerce la tâche « ne rien faire ». Devant la télé. Déjà dès sept heures et demie. Je déteste le saut d'obstacles.
Pas de bonjour. Pas un mot. Juste un regard fixe sur l'écran. Muet pour tout ce qui est autour de lui.
Dans la cuisine, par contre, la vaisselle sale me parle. Tout comme la montagne de linge dans la salle de bains. Le frigo est vide.
Sans un mot, je ramasse les petits loups. Sans un mot, j'explique à Zukli notre projet. A la coccinelle blanche, j'attache une remorque. Nous allons au prochain dépôt de nourriture et attaquons les produits. Les petits loups se sentent un peu mieux. Il manquait le petit déjeuner. Il manquait l'espace. Un loup en a énormément besoin pour se sentir à l'aise. De l'air frais et de grands espaces.

Au retour, j'attaque les tâches ménagères. Puis je fais la cuisine. On mange, on joue, on range, on dîne. Je mets les petits monstres au lit.
J'attends pour mes efforts une récompense adaptée, corporelle, chaude, mais l'ami du cheval n'en est pas un aujourd'hui.
Doucement, je prends mon foulard jaune éclatant du Maroc, saute dans ma coccinelle et fonce chez l'ami du cheval de feu pour me défouler. Sans promesses. Libre. Sans futur. Entourée par le présent. Une journée complètement inventée.

Rroms.

Le vent murmure, il souffle – comme s'il réfléchissait –, des nuages gris, lourds, passent sur des villes à moitié détruites et des champs de blé innocents. Son souffle se bloque, s'interromp au-dessus de Z---Y---X---W---V---U---Treblinka---Theresienstadt---Stutthof---Sobibor---Riga---Ravensbrück---Q---P---Oranienburg---Neuengamme---Natzweiler---Mauthausen---Maidanek---Lichtenburg---K---J---I---H---Großrosen---Flossenbürg---Esterwegen---Dachau---Chelmno---Buchenwald---Bergen-Belsen---Belcec---Auschwitz---. Les nuages s'arrêtent. Ils pleurent. Jusqu'à leurs dernières gouttes. Mais le feu mortel,le feu flamboyant jamais ne s'éteint.

Un week-end à Paris. En deux mille. Université Dauphine. Institut des Langues Orientales. Le deuxième séminaire sur le destin des Rroms pendant la Seconde Guerre Mondiale.
Je suis la seule allemande dans la salle. Les français défendent leurs ancêtres. Je reste muette. Cette fois, parce qu'il n'y a pas de mots.
L'oratrice critique le manque d'intérêt concernant l'élucidation du génocide, l'extermination, l'holocauste des Rroms. Le peuple oublié.
On parle des juifs, des politiciens, des malades mentaux, des homosexuels..., mais peu des Rroms, Sinti et Roma, gitanes, Zigeuner, tziganes (Organisation des Rroms en Allemagne: Rom e.V., gemeinnütziger Verein für Verständigung von Rom und Nicht-Rom, Bobstr. 6-8, 50676 Köln, Tél. (0049) 221 24 25 36).
On regarde un documentaire. Des survivants racontent ce qui leur est arrivé.
Je sens des images monter. Je crois que c'était en 1993 quand la cousine aimée et moi faisions un voyage dans la nouvelle Allemagne ouverte. On s'était arrêté à Weimar... et à

Buchenwald. Si tu as vu le mémorial d'un camp de concentration une fois dans ta vie, tu sens que le temps ne sait pas guérir les plaies. Tu as l'impression de toujours entendre les cris des détenus, des gens torturés. Et en même temps règne un silence comme au cimetière.

On visite le bunker. De petites cellules. Des fleurs en l'honneur des morts. Un enfant d'environ deux ans est à côté de moi. Je suis consternée. Emmener une petite âme dans cette horreur me semble irresponsable. Les enfants comprennent ce qui se passe, car ils sont de grands voyageurs de la quatrième réalité et les plus sensibles.

Dans le trou il y avait une cellule utilisée comme chambre de torture. Différents « outils » étaient étalés sur la table. Martin Sommer – à ses côtés une photo de sa femme et ses enfants, un allemand absolument « normal » – développait et expliquait ses méthodes pour torturer les gens.

Puis l'espace de la mort. Des chambres peintes en bleu clair servaient de lieu de stockage provisoire pour les morts.

Une fille d'environ seize ans accompagnée de deux copines crie, tenant les mains devant son visage.

Dans le crématorium on croise un couple de français qui avancent vers le mémorial avec des yeux sombres et stupéfaits.

Dans un espace d'exposition on montre les œuvres d'art des détenus. Des œuvres secrètes, noires, noires. Des dessins et des poèmes d'une souffrance infinie.

Les prisonniers du camp de concentration devaient porter des pierres en courant toute la journée. Dans les baraques en bois ils dormaient sur des mezzanines à trois lits. Celui qui était en haut touchait le plafond avec son corps.

La cousine aimée et moi dormions dans l'auberge de jeunesse de Weimar. Je me trouvais dans le lit du haut et j'avais l'impression de ne plus pouvoir respirer.

L'oratrice du séminaire du week-end avait prévu une demi-heure pour le reportage des survivants rroms, une vidéo. Mais nous ne pouvions plus nous séparer des images.

On s'était retiré de la vie parisienne agitée qui ne pensait qu'à gagner des secondes. On portait des sacs, des sacs à dos, des mains pleines de temps. On était venu, car le sujet nous intéressait.

Je me demande si un néo-nazi n'a jamais écouté ces gens là. Je me demande si un vieux nazi n'a jamais eu le courage de visiter un camp de concentration.

Ignorance, Incompréhension. Les plus grandes ennemies de la cohabitation paisible. Tu détestes les étrangers en général. Tu veux les expulser de ta ville, de ton pays. Mais jamais tu n'as connu ton voisin. Personne. Tu ne sais pas qui ils sont. Tu ne sais pas comment ils sont. Tu ne sais rien. Et c'est pour ça qu'ils doivent partir ? Tu es lamentable. Tu fais partie des gens qui ne veulent rien apprendre, qui n'ont rien appris de l'histoire.
Je me souviens de l'inauguration solennelle d'une œuvre d'art sur l'espace vert devant l'entrée principale de la psychiatrie Wiesloch. Une fête commémorative pour les victimes de la Seconde Guerre Mondiale.
Peut-être qu'à cette époque j'aurais fait partie de ces victimes. Ou bien ils m'auraient torturée et transformée en cobaye.

Les rayons du soleil sont arrêtés par les nuages de coton blanc. Une journée claire sur la banlieue de la capitale. Mon regard se promène encore vers les toits jusqu'à l'horizon.
Il me reste beaucoup de temps pour continuer les cours de Rromani , car

la vie quotidienne au téléphone de MRI vient de se terminer.
Rromani, la langue du voyage. Les Rroms. Laissez moi partir avec vous dans mes pensées...

Barbelé rend libre.

Dans leurs propres
wagons
emprisonnés
Un tiers, pas plus
de la répartition de nourriture
reçue
Torturés
humiliés
violées
Souffrir
typhus
pneumonie
...
abusés
comme objets de recherche médicale
Travaux forcés
jusqu'à la syncope totale
jusqu'à la mort
car
« Arbeit macht frei « (Travail rend libre)

Oiseaux de mur.

Mon anniversaire. Le plus beau. Dans l'appartement de la petite fleur d'eau. Personne ne manquait. Incroyable. Peut-être le skieur solitaire. Peut-être. En revanche l'ami du cheval chantait. Des chants en chœur avec *l'accompagnateur breton sympathique*. Harold et Maud. Le film. Donne moi un V, donne moi un I, donne moi un V, donne moi un R, donne moi un E : VIVRE !
Le mur était tombé. Une chose qui s'imposait depuis longtemps. J'avais regardé les émissions à la télé. Les larmes coulaient. J'avais acheté une pile de journaux. J'avais pris le bus en pleurant sur le papier imprimé.
Je me souviens que ma mère pensait que je devais voir au moins une fois la frontière. J'avais environ dix ans. Barbelé. Des bandes de la mort, coupant forêts et champs. Miradors. Quel choc fort touchait mon être.
La porte fermée du Brandenbourg devenait un sujet dans mes lettres et mes dessins. Une fois – fait étrange ? – j'ai dessiné l'Arc de Triomphe comme si la réunification passait par la France.
Dans un séminaire à Helmstedt organisé par l'école Kaiserin-Friedrich-Schule, je recevais des informations

sur la République Démocratique Allemande. Il y avait aussi inclus un voyage à Berlin.

Comme ils nous avaient scrutés, dévisagés à la frontière) allemande-allemande ! Echange forcé. On était carrément forcé de dépenser une certaine somme d'argent. Allons-y, dans les librairies ! J'ai trouvé un livre avec le titre : « Comment je deviendrai soldat ? » Des livres qu'on ne trouvait pas « chez nous ». Des livres qui représentaient l'histoire contemporaine.

Et j'achetai un dictionnaire de la RDA qui avait des définitions étranges comme celle de l'amour communiste socialiste.

L'amour : position spécifique ou relation envers un être humain précis, une chose ou une idée qui s'exprime par le besoin de s'identifier à elle. L'amour se reflète dans des sentiments sociaux, moraux et esthétiques et se montre dans un engagement fort pour une cause. L'amour ne trouve d'accomplissement que s'il repose sur un sentiment de réciprocité. Les amoureux cherchent la durabilité de leur relation (mariage).

La morale et le mode de vie socialiste n'ont rien à voir avec les théories et positions anti-sexuelles. Ils comprennent la sexualité plutôt comme une enviable façon de s'exprimer d'une

existence d'une personnalité socialiste.
La relation entre un homme et une femme est la relation la plus naturelle entre deux êtres humains.
Ceci démontre jusqu'à quel point le comportement d'une personne est devenu humain, jusqu'à quel point l'autre personne est devenue un besoin, jusqu'à quel point l'individu représente la communauté. (Marx)
Dans le socialisme l'amour peut fonder une vie de couple égalitaire en droit, libre, autonome et responsable entre homme et femme. Par contre, dans le capitalisme les relations entre les êtres humains sont basées sur la situation de la propriété, la différence entre les classes et les préjugés des catégories. (Extrait du dictionnaire de la RDA « Kulturpolitisches Wörterbuch », Éditeur : Prof. Dr. Manfred Berger, Berlin, Dietz Verlag, 2. erweiterte Auflage, 1978)

Ah bon. C'était ainsi...
Nous étions des deux côtés du mur. La ville partagée de Berlin. Le pays partagé au centre de l'Europe. Mon grand-père était contre l'effacement du préambule de la loi « Grundgesetz ». A l'époque on discutait sur ce sujet : Est-ce qu'on accepte la RDA comme État

autonome ? « Tu ne sais jamais comment les choses évoluent », disait-il.
Je croyais qu'il fallait une guerre pour casser ce mur. Je ne comptais pas sur les milliers d' oiseaux de mur. Ils en avaient marre de voler uniquement dans leurs rêves, dans des réalités de désir. Il faut écraser le mur ! Il faut écraser le mur ! Et le mur écoutait.
Je suis désolée, mon grand-père, que tu n'aies pas assisté à ce miracle. Je suis contente, mon grand-père, que tu n'aies pas connu la maladie.

Ma fête d'anniversaire, l'internationale... On avait écouté intensivement la radio. Oui, il quittait la prison après des décennies. Il était libre. Nelson Mandela. Encore un miracle.

Personne autrefois n'était à mes côtés. A Paris. Aucune amitié n'était plus longue que deux ans. Et malgré cela, je me sentais acceptée. On aurait dit que lorsque j'avais froid, on m'enveloppait dans un manteau chaud. Cela n'a pas changé.
Celui aux deux prénoms raconta une blague durant au moins un quart d'heure. Quand il bougeait dans l'appartement de deux pièces, l'ami du cheval le suivait comme un enfant enthousiaste.

C'était à mon tour d'être découverte. L'ami du cheval me demanda ma ville natale. Leipzig, répondais je spontanément. Il me regarda un instant bizarrement, rit et dit que cela n'était pas possible. Il me demanda si je connaissais le périphérique de Leipzig (ville en RDA). J'y tournerais en rond comme un mouton.

Mon français n'était pas encore assez peaufiné pour suivre une conversation ironique, pleine de jeux de mots (ce que je maîtrise parfaitement en allemand).

L'ami du cheval croyait m'avoir blessée, car je ne pouvais pas réagir. Il se sentait misérable. Et moi, stupéfaite. Un homme qui avait tellement peur de me blesser... Cela me toucha beaucoup. Le monde correspondait à mes rêves. Au moins pour quelques heures...

Le vieux pont..

Je suis fatiguée. J'ai la tête qui tourne. Il fait beau extérieurement. Je me balade un peu dans Arcueil. Des petits pas. Avancer doucement.

A la bibliothèque, je trouve une annonce intéressante dans une revue pour demandeurs d'emploi. Dans une papeterie, j'achète un journal au nom ridicule de « Carrières et emploi ».

Dans une boulangerie je prends une demi-baguette et un éclair au chocolat.
Alejandro Sanz chante en ce moment une chanson sur un cœur partagé. Pas un cœur brisé. « Après la tempête il y aura toujours le calme, mais après toi, il n'y aura rien. »

Début des années quatre-vingt-dix.
Je me trouve sur le vieux pont aux pierres rouges d'Heidelberg.
Du côté de Neuenheim.
C'est soit le printemps soit l'automne.
Nous ne portons pas de vestes.
Il ne pleut pas.
Sur le pont il n'y a personne.
Mes cheveux sont courts.
De l'autre côté, dans la vieille ville, l'ami du cheval.
J'ai très peur d'une vieille femme, debout sur le pont – à l'endroit où dans la première réalité se trouve une statue féminine – car elle essaie d'empêcher notre rencontre.
Mais au dernier moment, l'ami du cheval passe le pont pour me rejoindre et un sentiment de bonheur incroyable m'envahit.
Le pont casse juste après lui.
La vieille femme tombe dans les profondeurs.
Tout à coup, l'ami du cheval disparaît.

J'essaie de l'appeler, mais mes bras sont lourds comme du plomb.
J'ai appelé le numéro d'Heidelberg.
J'ai choisi Heidelberg pour y vivre dans la première réalité.
La vieille femme est encore debout sur le pont.
Je n'ai plus peur d'elle.
Le vieux pont se transforme en un pont en travaux, un pont neuf, différent.

Je me réveille de la deuxième réalité.
Je ne vais plus appeler sa sœur. Je ne vais plus écrire à sa sœur. Je ne suis pas quelqu'un d'important pour elle. Que le dernier pont vers l'ami du cheval se casse. Que la quatrième réalité – le niveau des sensations paranormales, de la télépathie, de la communication avec d'autres réalités – arrange une rencontre ou l'empêche.
Je vais me construire mes propres ponts solides. Des ponts, grecs, allemands, russes, français et espagnols. Des ponts qui me font avancer. Comme ceux d'autrefois dans la chambre au miroir à fleurs de Lily Marleen.
Sur mes ponts il y aura des arbres. Des arbres, petits, grands, vieux, jeunes, forts, faibles, tristes, contents.
Et en traversant les ponts on les embrasse. Il faut prendre la position d'un sprinter. Un, deux, trois. Tu

cours le plus vite possible vers un arbre, tu étales tes bras et tu l'embrasses en riant.
Sur mes ponts on trouve des montagnes de bois et de papiers, des couleurs, des pinceaux, de l'eau. J'invite des personnes connues et inconnues à dessiner ensemble. Ainsi naissent les images du pont, des dessins symboliques, des imitations de la nature.
Un calme intérieur m'accompagne, une bonne confiance...vers le chemin des rives nouvelles...
Et comme d'habitude, je ne sais pas comment elles vont se présenter. Je n'ai pas d'idées précises. Tout reste passionnant. La vie. Dans d'innombrables réalités.

Adieu....

Adieu...l'ami du cheval. Il n'y a rien à dire de plus. C'est fini. Je courais, je me déplaçais comme un escargot à travers ce labyrinthe maniaco-dépressif. Je refusais de prendre des raccourcis, juste pour pouvoir sortir le plus rapidement possible.
Je marche sur des chemins qui paraissent inutiles aux autres. D'après un calendrier, il me faut beaucoup plus de temps, mais

maintenant, je suis arrivée à l'extérieur. Et j'y reste. Avec la certitude étrange que d'autres labyrinthes m'attendent, plus faciles à décoder. J'ai appris la langue de mon propre labyrinthe intérieur, j'ai senti les chemins, j'ai calculé les distances. Et j'ai décidé d'accepter de l'aide. Le chemin vers l'équilibre intérieur est long. On y marche pendant des années, mais pas une éternité.

Il y a sûrement plus de réalités que de poussières volantes dans l´air. Certaines sont devenues visibles pour moi. Et ce qu'on peut voir, nous semble être réel. C'est pourquoi la première réalité ne me suffit plus. Je profite de ces réalités, je joue avec elles, je les utilise pour combattre le stress ou la tristesse. Je m'en sers pour garder l'équilibre entre le corps et l'âme. Il faut savoir changer de niveau pour se reposer de l'un à l'autre sans plonger dans la troisième réalité. Je construis des rêves contre la vie quotidienne, je me réveille, je suis active contre les cauchemars, je dors pour trouver des solutions dans l'inconscient. Mais la plus jolie réalité, celle qui offre des rencontres exceptionnelles, reste la quatrième que je souhaite encore découvrir profondément. J'y travaille et je me sens bien. Juste bien.

Publications en allemand :

**Die vierte Wirklichkeit....
(La 4ème réalité)**
Autobiographie de Monika Laupus
ISBN Nr. 3-9626200-59-6
Publiée par Paranus Verlag, Neumünster, Allemagne
www.paranus.de

**Das zweite Leben (La 2ème vie)
Wirklichkeitssprünge von Monika Laupus
ISBN Nr. 978-3-8370-4079-1**
Publiée par „Books on demand" – www.bod.de
Disponible sur www.amazon.de et en librairie

**Die innere Schatzinsel / Die tiefe Schlucht
(L'île au trésor intérieur / Le ravin profond)**
Conte dans le livre "Wortschöpfung", p. 38/39
ISBN Nr. 978-3-938458-82-2
1er concours de Kempen

Publié par Buch Verlag Kempen,
Allemagne
www.buchverlagkempen.de

Das Meer (La mer)
Poésie, p. 131
Die Literareon Lyrik
Bibliothek
Volume 5
ISBN Nr. -13: 978-3-8316-1253-6
ISBN Nr. -10: 3-8316-1253-6
Publié par Herbert Utz
Verlag
München, Allemagne
www.literareon.de